자작나무 그늘 아래,
나는 알았네

# 자작나무 그늘 아래, 나는 알았네

홍기영 제 4 시집

도서출판 동인

## 머리말

　세계의 아름다운 곳이나 유서 깊은 곳 혹은 잘 알려지지 않은 곳을 여행한다는 것은 호기심을 불러일으키며 마음을 설레게 한다. 맑고 넓은 호수, 하늘을 찌르는 듯한 산, 한 여름에도 빙하로 굳어 있는 산봉우리, 호숫가의 그림 같은 집들, 지상의 낙원을 지나가는 듯 나그네의 마음은 출렁인다. 이런 생각들이 자작나무 숲들이 마을의 어귀들마다 감싸는 듯한 북유럽 3개국 여행에서 느낀 감정들이다. 핀랜드, 스웨덴, 노르웨이. 지도상에서만 보았던 나라들. 추위와 눈과 호수를 떠올리게 하는 나라들. 그곳을 여행하면서 가까이 보게 된 자작나무들. 수천 년 동안 추위에 떨던 북구 사람들에게 땔감이 되어 그들의 생을 지탱시켜 준 자작나무. 여름에는 시원한 그늘로 사람들을 보호해주고, 겨울에는 땔감이 되어 그들을 보듬어주었던 키만 훌쩍 큰 볼품없는 자작나무. 그래서 자작나무는 어느 나무보다 성장이 빠르다. 그러나 최근에는 이 자작나무에서 자이리톨이라는 성분이 발견되어 치아보호에 효과가 있다고 해서 껌의 주성분이 되는 바람에 귀족나무로 대접을 받고 있다.

그러나 자작나무라면 아무래도 추위를 녹여주기 위해 벽난로에서 탁탁 소리를 내며 타는 것이 제격이다. 이렇게 혹독한 추위를 막아주고 매서운 더위를 막아주는 서민의 친구로 있을 때 그 존재의미가 크고 마음에 더욱 친밀하게 다가온다. 30℃이상의 강렬한 태양빛이 쏟아지는 마을가 들판에 군락지를 이루며 서 있는 자작나무, 그 그늘 아래 있을 때 바람이 어찌나 시원했던지. 인생의 어려운 고비에도 이런 자작나무 그늘 같은 것이 있어 잠깐이나마 마음의 위안을 얻고 여유를 가질 수 있었으면 했다. 너무 추워서 몸을 가누지 못할 때에 활활 타오르는 자작나무 장작불은 온 몸을 녹이고 영혼마저 따뜻하게 하였으리라. 목이 타들어 갈듯한 더위에는 자작나무 그늘의 시원함이 얼마나 상쾌했을까?

여행하는 내내 그리고 고국에 돌아와서도 자작나무의 여운은 늘 따라다녔다. 나의 어린 시절 꽁꽁 얼어붙었던 몸을 아카시아 나무 장작불 앞에서 녹이고 있었던 추억이 오우버랩되었다. 그것은 가난과 추위와 배고픔을 회상케 한다. 노르웨이의 아주 한적한 곳에서 전설로 남아있는 『솔베이지 송』이 그래서 우리를 한없는 슬픔에 젖어들게도 하지만 죽음으로써만이 완성되는 영원한 사랑으로 자작나무 불길처럼 가슴에 저미어온다.

네 번째 출판되는 내 시집을 『자작나무 그늘 아래, 나는 알았네』라고 제목을 부쳐 보았다. 자작나무 그늘 아래서 세상을 보면 마음이 편안해지고 자연과 인간이 하나가 되는 듯한 생각이 들며 왠지 먼 옛날 허름한 학교 천막 교실에서 <목련 꽃 그늘 아래서 베르테르의 편질 읽노라>라는 여운을 느끼기 때문이다. 바람이 불고, 구름이 흘러가고, 시간이 흐르고, 그렇게 인생이 흘러감을 알아보 겠다고 표현해본 것이다. 모든 것이 다 지나가도 자작나 무 그늘은 언제나 우리에게 휴식을 주고, 시원함을 주고, 그리고 또한 사유의 여지를 주지 않았는가?

  달려갈 앞길보다 달려온 옛길을 회상하며 어떻게 하면 세상을 좀 더 넓은 시각으로 보며, 삶을 아름다운 쪽으로 관조할 수는 없을까. 영원한 세계에 대한 동경은 그저 허상에 불과한 것일까. 시 속에 삶이 있고 삶은 시로 인하여 좀 더 충실해질 수는 없을까. 자작나무 그늘처럼, 소리도 없이, 화려함도 없이, 그러면서도 은근히 마음을 위로해주고 치유해주는 그런 포근함과 시원함은 없을까. 인생의 여행길을 다 마치고 마음의 평화 속에서 그 분의 손길을 느낄 수는 없을까. 여행과 자작나무 그늘과 마음으로만 다가갈 수 있는 그런 세계에 대한 동경을 이 시집 속에 그려보려 하였다.

  시집을 출판할 때마다 평을 해주는 소중한 벗인 충남대학교 영문과의 현영민 교수에게 감사하고, 한남대학교 김완하 교수와 송기호 교수의 관심과 시의 평에 고마움을 전합니다. 그 밖에 많은 분들에게 빚을 지고 있음을 기억하며 이 시집을 기꺼이 출판해주신 동인의 이 성모사장과 편집자에게 깊은 감사를 드립니다.

2011. 12.
사집제(砂集齊)에서
홍기영

**차례**

## 1부 아침을 열면

아침 창가 — 17
꽃 소식 — 18
새벽의 마음 — 19
순간과 영원 — 20
바람이 적당히 분다 — 21
봄의 향기로 — 22
이 아침에 — 24
이른 아침의 부둣가 — 25
민들레 꽃 — 26
산 넘고 강 건너 — 28
행복연습 — 31
훌륭한 뱃사공 — 33
빵 하나로 아침식사를 — 34
안개비를 맞으며 — 35
처음 모습대로 — 37
검정색을 좋아함은 — 39
지금은 — 40
축축하고 캄캄한 곳 — 42
나 혼자 — 44
삶 — 46
지평선 — 47
아름다운 꽃 — 48
난(蘭)에 꽃이 피니 — 49
그 사람 — 51
스스로에게 — 53
지성의 창을 열고 — 55
밤에는 — 56
봄날은 간다 — 58

## 2부 일상을 바라보며

일상을 바라보며 ― 61
은행잎 ― 62
졸업생들에게 ― 64
구름이 자욱한 들 산에서 ― 66
무엇 때문에 ― 67
뜨거운 여름의 성숙 ― 69
학생연극 바냐 아저씨(Uncle Vanya) ― 70
외로운 창가 ― 71
내 혼이 머무는 곳 ― 73
따스함에 대하여 ― 75
캠퍼스의 가을 ― 76
서재를 꾸미고 ― 78
상형문자 무늬 우산 ― 79
의자에 앉아 ― 80
춥고 어두운 거리에 ― 82
캄캄한 밤에 ― 84
예술은 구속 ― 85
강가에 오면 ― 86
여기에서 저기까지 ― 87
꽃 길 따라 동화 속으로 ― 88
낙엽 ― 90
가을비 ― 91
스웨터 ― 92
추운 밤엔 따뜻한 온기로 ― 93
겨울 감기 ― 94
동백꽃 ― 95
그리움 ― 96
할미꽃 ― 97

## 3부 여행길같이

여행길같이 — 101
바스(Bath)지역에서 — 103
예태보리거리 — 104
스캐부 호텔에서의 아침 — 105
햄릿 성을 보며 — 106
호화 여객선, 실자 라인(Silja Line) — 107
아들레이드 추억 — 108
랍슨 강 — 109
눈 덮인 랍슨 산 — 110
샌드맨(Sandman) 강가에서 — 111
벤쿠버에서 — 113
페이토 호수(Peyto Lake) — 114
장용산 계곡 — 115
팔각정 — 116
간절곶 — 117
『햄릿』을 영어로 읽다 — 118
아편과 함께 — 119
몽블랑 만년필 — 120
눈물 — 121
사진을 보며 — 122
정글 숲 — 123
가을비 지척이고 — 124
가을의 슬픔 — 125
아파하지 마라 — 126
언제나 해맑은 웃음 — 127
가을 햇살 — 128
여름이 가면 — 129
10월의 마지막 밤 — 130

## 4부 자작나무 그늘 아래, 나는 알았네

자작나무 그늘 아래, 나는 알았네 (1) — 133
자작나무 그늘 아래, 나는 알았네 (2) — 134
자작나무 그늘 아래, 나는 알았네 (3) — 135
자작나무 그늘 아래, 나는 알았네 (4) — 136
자작나무 그늘 아래, 나는 알았네 (5) — 137
자작나무 그늘 아래, 나는 알았네 (6) — 138
자작나무 그늘 아래, 나는 알았네 (7) — 139
자작나무 그늘 아래, 나는 알았네 (8) — 140
자작나무 그늘 아래, 나는 알았네 (9) — 141
자작나무 그늘 아래, 나는 알았네 (10) — 142
자작나무 그늘 아래, 나는 알았네 (11) — 143
자작나무 그늘 아래, 나는 알았네 (12) — 144
자작나무 그늘 아래, 나는 알았네 (13) — 145
자작나무 그늘 아래, 나는 알았네 (14) — 146
자작나무 그늘 아래, 나는 알았네 (15) — 147
자작나무 그늘 아래, 나는 알았네 (16) — 148
자작나무 그늘 아래, 나는 알았네 (17) — 149
자작나무 그늘 아래, 나는 알았네 (18) — 150
자작나무 그늘 아래, 나는 알았네 (19) — 151
자작나무 그늘 아래, 나는 알았네 (20) — 153
자작나무 그늘 아래, 나는 알았네 (21) — 154
자작나무 그늘 아래, 나는 알았네 (22) — 155
자작나무 그늘 아래, 나는 알았네 (23) — 156
자작나무 그늘 아래, 나는 알았네 (24) — 157
자작나무 그늘 아래, 나는 알았네 (25) — 158
자작나무 그늘 아래, 나는 알았네 (26) — 159
자작나무 그늘 아래, 나는 알았네 (27) — 160

## 5부 자작나무를 생각함은

자작나무를 생각함은 — 163
자작나무 가지 끝에 새움이 돋고 — 165
자작나무 가지 곁에 가득한 안개 — 166
자작나무에 비는 내리고 — 167
자작나무에 소나기가 퍼붓고 — 168
자작나무 가지에 상처가 나고 — 169
자작나무에 노을이 지네 — 170
자작나무에 붉은 단풍 — 171
자작나무에 낙엽이 지네 — 172
자작나무에 석양 빛 비추고 — 173
새해 아침에 눈구름 — 174
이제 쉬려하네 — 175
추억 — 176
밤잠을 이루지 못함은 — 177
가고 오는 것에 대하여 — 178
사랑흐르네, 바닷가에서 — 179
앙상한 자작나무 가지 위로 흰 눈 쌓인다 — 180
자작나무 가지에 바람이 불고 — 181
세월이 손을 내밀며 — 182
선지지여 가서 말하라 — 183
그렇게 — 184
자작나무 그늘 아래 눈 감고 — 185
일몰의 시간 — 186
너의 모습 — 187
콘도르 새를 꿈꾸듯이 — 188
내 삶이 변하여 — 189
한 겨울에 — 190

## 6부 말씀을 묵상함은

말씀을 묵상함은 ― 193
먼 곳에서 ― 195
한적한 곳에서 ― 196
병상의 아침 ― 197
저녁 어스름 ― 200
부르시네, 다정하게 ― 201
가을비 은행잎 ― 202
미소가 부드럽게 ― 203
산과 구름과 바람 ― 204
내 창가의 자작나무야 ― 205
마음이 물들어 온다 ― 206
여호와여 겨울이 오는데 ― 207
마지막 보는 겨울 눈 산 ― 208
나만의 세계 ― 209
저녁때 쯤 ― 210
여호와는 어둠을 벗어나라 하시는데 ― 211
그저 추억이라 하시네 ― 213
뒤 돌아보게 하심은 ― 214
바람이 불거든 ― 215
그저 지나가겠네 ― 216
고통이 몰려오거든 ― 217
저를 아시는 여호와여 ― 220
손녀딸 혜안아 ― 222

■ 서평 ― 225
**현영민**  암흑의 밤을 지나는 한 지성인의 고독한 영혼
**김완하**  자작나무 그늘과 생의 울림
**송기호**  죽음이 삶에게 악수를 청할 때 듣는 하나님의 음성

# 1부
## 아침을 열면

# 아침 창가

신선한 바람 살갗에 스치고
지난밤의 모든 잡념
아침 이슬에 녹는다

빛나는 아침 햇살 가슴 설레게 하고
하늘을 나르는 뭉게구름
마음이 원하는 모든 것 가져다 준다

창가엔 나팔 꽃 흐드러지고
고요한 클래식 음악 흘러
온 몸을 차분히 가라앉히고

마주 앉아 이야기 꽃 피울
그대의 창가를 떠 올리면
그리움이 슬슬 기어 오른다

먼 훗날 거기 낙원처럼 빛나는
또 하나의 동화 읽혀지는
가슴에 깊이 아로새겨지는
그런 생각에 행복해지는 것도
이 아침 창가뿐임을

## 꽃 소식

남녘 들판에서부터
아지랑이처럼
꽃들이 새록새록 피어난다는데

그대 처음 눈길 주던 길에도
매화가 흐드러지게 피었지
웃는 얼굴 더욱 화사하네

만남은 짧고, 이별은 길더니
세월은 흐르고 흘러
만나지 못하는 강가에 서성이고
환희와 고통이 물결 이루었네

멀리 있어 가물가물하지만
뚜렷이 의식 속에
설레임을 주는 그대

오늘처럼
봄바람 향기 싣고 흩날리는 날
긴 옷자락 휘날리며
나비처럼
꽃 소식 속에 묻어오진 못하나

## 새벽의 마음

찬 공기가 피부에 와 닿으면
영혼은 화들짝 놀란다.
깊은 밤 잠 못 이루고 지척이다가
이 새벽과 마주친다

지난 세월이 꿈속에서 그저 지나고
굵직한 상처들이 선명할 즈음
잠에서 깨어 신음한다

수없이 깜박이던 밤의 불빛들이
이 새벽빛에 서서히 자취 감추고
부지런한 사람들과
자동차들 거리를 메울 때까지

내 눈감고 새날의 생각에 잠기면
어제까지의 모든 걱정과 시름
차가운 공기 속에 이내 사라지고

새로운 영혼은
치솟아 오르는 붉은 태양에
두 손을 크게 뻗으며
미래를 향해 날개를 펼친다

## 순간과 영원

아침 햇빛에 영롱한 이슬
바람 한결 스쳐지나니
흔적도 없이 영원 속에 사라진다

찰나와 영겁이 이 한 지점에서
무(無)로 돌아가는 시간

너의 존재는
나의 모든 사유(思惟)를 뒤덮고

서쪽 하늘의 구름으로 떠 있다가
물들어가는 바다 속에
빨간 환상으로 피어오른다

순간은 영원 속에
영원은 순간 속에
녹아드는 경계가 없는 지점

조그만 바다 물결들을
모두 품에 안고
바람이 서쪽으로 달려간다

# 바람이 적당히 분다

신선한 아침 바람이
적당히 분다
이글거리는 태양보다 먼저
꽃잎을 어루만지고
간밤의 뒤척임을 달래주며
하루의 꿈을 하늘까지 달리게

바람이 조금 세게 불어
유리창이 덜거덕 거리고
숲의 흔들림이 지구를 눕게 하면

설레는 마음은 히말라야
하얗고 뾰족한 산등성이에서
세계를 다시 응시한다

이윽고 적당한 바람 불면
화초에 물을 뿌리고
흠뻑 적셔오는 아침을 맞아

라일락 향기처럼 달려가
그대의 아침을 깨우리라

## 봄의 향기로

살구나무는 이제 연녹색으로
옷을 갈아입고
라일락이 흰 옷과 연보라 빛에
흠뻑 취해있다

아침의 신선한 공기와
밝은 햇빛에
일찍이 종달새 지저귄다

어디쯤에서
커피 향을 즐기며
미소 짓고 있나

계절은 수없이 흐르고
알 수 없는 곳에서
바람은 불고 불어와도

그대 소식은
아직도 얼음 땅에 묻히고

봄의 향기

은은히 피어
여기까지 이르기는 어렵겠지

## 이 아침에

봄비 촉촉이 내려
목련꽃, 살구꽃
흐드러지게 핀 곳에
활짝 웃으며 서 있는

푸른 나뭇가지로 기지개 펴며
마음껏 봄을
일깨우는 훈훈한 바람

은은히 들려오는 말발굽소리
대평야를 휘젓던
폭풍들이
조용히 눕는다

이 봄의 아늑한 지점에서
아침을 불러 일으킨다

## 이른 아침의 부둣가

어둠이 새벽안개 속에 조금씩 물러선다
먼데서 뱃고동 소리
갈매기 날갯짓 소리
이 부두에 아침이 몰려온다

파도는 점점 세차게 부두를 내리치고
거칠은 어부 아낙네들 떠들어 댄다
생선 비린내가 확 퍼지고

살아서 팔딱거리는 힘 좋은 바다고기들
꿈틀거리는 삶이 주사를 맞는 듯
이곳에서 박스 속에 일렬로 정열하면
경매 호루라기 소리에
갈 곳이 정해진다

정처 없이 떠도는 길에
이제는 가야할 곳이 생겼는데
그것이 생명이 끝나는 길이라니

이른 아침의 부둣가는
헐떡이는 삶이
정착할 곳을 알려주는 곳이라네

## 민들레 꽃


보고 싶다. 보고 싶다. 말도 못하고
며칠을, 몇 달을, 몇 년을 기다리는
영어(囹圄)의 몸

그 창밖엔
민들레 꽃 피고
제비도 날아다닌다지

아직도 이 뜨락에 봄이 오기는
몇 년을 더 기다려야 한다지

생명이 죽음과 악수하고
분노와 포기가 나란히 누워
깜깜한 밤처럼 막막할 때

그래도 가끔
천둥소리 요란하고
번갯불 번쩍거리면

다시 새 날 오겠지

그래서

민들레 꽃씨 바람에 휘날려
이 뜨락에
작은 생명 피어나겠지

## 산 넘고 강 건너

내 어릴적 학교 가는 길은
산이 두개 강이 하나 있었다
겨울이면 해가 짧아 캄캄하고
여름 장마 때면 나룻배가 아슬아슬 위태로웠는데
눈감으면 선연히 나타나는
산 넘고 강 건너는 길
그래도 뿌연 안개 속처럼
내일이면 좋은 날이 되겠지
내가 어른 되면 멋지게 살겠지 하면서
호호 손을 불며 굳은 다짐했었지
배고픔과 추위가 인생을 위대하게 한다고
담임선생님은 매서운 추운 겨울에도
내의 입은 학생들을 회초리로 때렸지
이런 추위는 이겨야 한다고
비행기라도 윙 지나가면
하늘을 나는 조종사 되라고 부추겼는데
의지 하나로 달렸었는데
꿈만 먹고 살았었는데

지금 인생의 고개 마루에서
고향의 아득한 저녁연기 피어오르는 것을 본다
코스모스 휘날리던 꼬불길은 아스팔트길로 변하고

할미꽃 피어 있던 외갓집 높은 분들의 무덤들은
공단으로 변해 높은 굴뚝만 보이고
꽃피던 시골 산야가 새로운 도시로 크게 누워 있는데

허수아비처럼 사람들은 시들하다
정리해야 할 역사들은 서랍에 먼지로 남아있고
자꾸만 몹쓸 곳으로 끌려가는 허수아비로
우리도 서 있는가
참다운 의식을 코트 속에 구겨 넣고
정다운 감정은 콩크리트로 굳어지고
우리의 아름답던 노래 소리는 분노로 굳어 있고
텅 빈 가을 들판의 싸늘한 바람처럼
너와 나는 비껴 지나가기만 하는구나
산 넘고 강 건너 이곳 까지 왔는데

초등학교 때 그 선생님 우리를 보시면
무슨 말을 하실까
꿈에 가끔 나타나시어
손을 휘휘 저어주시는데
입은 굳게 다무시고

여기서 우리 오순도순 지내지 못해

거꾸로 산 넘고 강 건너
그 곳으로 오라시라는 건가

넉넉한 강물
푸른 산 그 속에서
다시 교가 부르며 새 나라 만들라고
어정어정 뒷짐지고 사라지시는구나

## 행복연습

운동선수 피 땀 흘리며
연습하듯
행복도 연습이 절실하다

행복은 저절로 떨어지지도 않고
땅 속에서 샘물처럼 솟아나지 않아

인고의 고통
역겹의 세월 벼리듯
피나는 연습 위에 가녀리게 피었다
바로 지는 것

그래도 부단히 노력해야해
그 희망마저 사라지면
캄캄한 밤일 테니
목마름으로 샘물 찾듯
끝까지 따라가야지

달리는 발걸음 속에
내미는 손길 위에
흘러내리는 땀방울 속에

살며시 미소 짓는 행복
이라는 신기루

## 훌륭한 뱃사공


강물이 거칠어야
훌륭한 뱃사공을 안다
고요한 강물일 때야
누구나 노를 잘 젓지

인생은 어디 한 곳 편하지 않고
캄캄한 밤
흙바람이 거세고
망망한 바다만 있지

갖가지 고통과 아픔들
산처럼 쌓여
너무 힘들 때
훌륭한 뱃사공을 아는 거야

거친 강물 헤치고
저 언덕가에 다다라
먼 산 보며
강 깊이를 마음으로 셈할 수 있어야
훌륭한 뱃사공인거지

## 빵 하나로 아침식사를


빵 하나로 아침식사를 때운다
쌀이 없거나 반찬이 없어서가 아니라
빵이 가장 쉽기 때문이다
처음에는 속이 거북하고
허전하기도 했는데
이제는 충분한 한 끼 식사

밥을 하고 반찬을 만들고
국을 끓이는 복잡한 절차가 필요 없다
빵 한개, 우유 한 컵 그리고 커피 한잔
이런 아침 식사에 익숙해지는 만큼
미국 생활이 점점 흥미롭다

뻐더와 치즈가 입맛에 맞고
맥도날드를 사려고 줄서고
'하이'라고 인사하는 것이 자연스럽다

미국 시장의 한 복판에서
흑인과 백인
그리고 모든 인종들 사이에서
빵 하나로 아침을 즐기게 되면
미국은 안방처럼 편안하다

## 안개비를 맞으며

안개 속을 걷는다
목적도 없이
무작정 걷기만 했다

안개에 촉촉이 젖어
옷을 짜면 물이 주르르
젖는 줄도 모르고
여기까지 왔다

뿌연 안개 속에서
먼 산이 손짓으로만
오라 하여 묵묵히 걸었다

뚜렷하고 확실한 것은
하나도 없이

스쳐 지나갈 때는 모르나
목적지에 다다르면 촉촉이 젖듯이

마지막에는 알 수 있다고
안개의 비밀은

인생의 비밀같이
없는 것처럼 존재한다고

## 처음 모습대로

기호란 원래
모든 것을 단순화하는 건데
오늘
우리는 그것을 푸는데
머리를 앓고 있다
너무 복잡하게

태초의 새벽은
그대로 새벽이었는데
해석 때문에
혼돈의 와중에서
허덕이고 있다

문명이니 발달이니
철학이니 기호니
이런 거추장스런 것들이
세상을 미혹시킨다

그런 논리
그런 설명이
맑은 머리를 식상(食傷)케 하고

처음 모습은
꾸밈이나 거짓 없이
그저
존재하는 것인데

## 검정색을 좋아함은


검정색을 좋아함은
그것이 아무 색도 아니면서
또한 모든 색이 되기 때문

죽음과 우수와
공포의 색
꾸밈도 뽐냄도 허락치 않는
무언의 색

그대 앞에
모든 것은 정지하고
엄숙으로 고개 떨군다

검정색
그대의 배를 타면
운명의 항구에 다으리니

검정이 운명이고
운명이 검정임을
나는 알고 있다

## 지금은

이제 나
너무 많이 달려와
뒤를 돌아보면

허겁지겁 달려만 왔던 길
너무 많은 것들이 몰려와
사면이 캄캄하구나

꿈도 많고 포부도 컸었는데
이제는 모두 신기루 같기만 해

아침처럼 열심히 달려왔는데
피곤하여 쓰러진 자리에
문득 노란 은행잎

펼쳐보는 옛날 노트 갈피 속에
숨 쉬고 있는 청춘
내 입가에 고소를 띠운다

나도 소사에 작은 집 짓고
호숫가 거닐며
푸른 마음으로

밤하늘의 별 쳐다보며
동화 속처럼
다시 꿈 그려볼 날도 있을까

## 축축하고 캄캄한 곳


축축하고 캄캄한 곳에서
생명은 잉태되고
새 싹은 자란다

햇빛이 부시거나
마른 땅에서는
이 순한 싹은 시들고야 말아

나의 영혼
온갖 멸시와
저주를 받으며
습하고 어두운 곳에서 외로웠지만
아무도 모르는 가운데
뿌리는 내리고
하늘을 향한 높은 마음
가다듬고 가다듬었지

새 세계를 위하여
소용돌이치는 가슴
적시고 또 적셨지
놀라운 영혼

다시 깨어나기는
축축하고 캄캄한 곳에서 이니까

## 나 혼자

나 혼자만이라는 사실은
너무 무섭다

세상에는
부모 형제, 친구가 있고
남편과 아내
때로는 가족 같은 것도
있다는데

지금은 캄캄한 밤
암흑보다 더 깊은
고통의 칼날이
너무 예리하다

영겁위에 우뚝 서있는
고독한 영혼
그 내면엔
상처의 아픔이
바다를 이룬다

막막한 사막에 거센 바람 불어 닥치고
사방에서 조여드는 어둠의 공포

딱 멈추어선 의식

그래서
나 혼자만이라는 사실은
정말 무섭다

# 삶

일렁이는 자동차의 물결 속에
혹은 빠르게
혹은 느리게
자꾸만 자꾸만 밀려간다

누가 누구를 위한
특별한 일 없이도
우리는 그저 얽혀져 있다

원하는 것과
원하지 않는 것의
교차로쯤에
삶은 그저
허덕이며 서 있다

# 지평선

작은 언덕에 바람 일어났다가
소리 없이 사라지듯이
그곳에 이름 모를 꽃
빨간색으로 인사하더니
이 가을에 낙엽 되어 스러진다
보일 듯 보이지 않고
머무를 듯 떠나간
지금은 그 흔적조차 없는
흰 구름 속
너의 모습 아련하구나
천년만년 산천이 휘몰아쳐
우주가 다시 창조되어도
너는 저 지평선가에서
손짓만 보이겠지

## 아름다운 꽃

물끄러미 바라만 보고 있다
아름다운 꽃을
그리워만 하고 있다

아름다운 꽃이
남의 집 정원에서
울고 있다

밤마다 이슬이 내리는
이유는
꽃의 눈물이기 때문이다

우리 집엔
정원이 없으므로
꽃이 필 수가 없다

그런 이유로
꽃을 생각할 수도 없다

아름다운 꽃은
어쩌면
존재하지 않을 수도 있다

## 난(蘭)에 꽃이 피니

난(蘭)에 꽃이 피니
할 말이 없구나
네 마음을 내가 몰라
물도 제대로 못주고
적당한 햇볕 한 번 제대로 쬐주지 못했는데

어느날
너무 고상하게 꽃망울 터뜨렸다
그 은은함과 수줍음
방안을 고요히 감싸는
말로는 표현할 길이 없는 향기

저 혼자서 피는 꽃
외롭고 고상하구나
세파에 시달린 흔적이라곤 하나도 없는
약하고 작은 꽃

거칠고 넓은 세상에
너는 내 마음의 보석이구나
내 마음의 표상이구나

외로움과 추위 속에서

뿌리가 강해져야 피는 꽃
그래서 난 같은 인생은
인생의 난으로 향기를 발하리라

## 그 사람

언제나 웃음을 머금고
잔잔하게 말하는
속이 꽉찬 여유있는 사람으로
알고 있었는데
걸어가는 것을 보니
한 쪽 다리를 심하게 절고 있었다
그 때마다 내 심장은
멈추는 듯
저렇게 여유있고 밝은 표정의
그 사람에게 혹독한 시련이 있었다니
그러나 그런 걱정은 전혀 나의 기우(杞憂)

그 사람에겐 아무 일도 없었다
아니 그런 육체적 결함이 오히려
하늘의 마음을 더욱 품게 하였다
살아 움직이는 신비의 모습 보는 듯

그가 부드러운 목소리로 여유있게 말할 때
나는 부끄럽고 슬프다
그는 부족한 것이 많은데 풍족하게 산다
나는 풍족한 것이 많은데 부족하게만 산다
그는 마음을 늘 하늘을 향해 열어 놓는데

나는 언제나 마음을 땅에 처박고 허덕인다

그가 오늘 강연을 하러온다
순간을 영원처럼 사는
하늘의 향기가 마음을 적신 분
오늘은 많이 많이 배우기로 하자
넉넉한 하늘의 마음을 안은
그 사람 가는 곳마다
잔잔한 미소가 나를 감싸안도록

## 스스로에게


봄비가 촉촉이 내리는데
조그만 소나무 동산이
꿈틀거린다

아름다운 추억과
아픈 상처와
진한 감동을 머금은
봄비는 울고 있다

외로움은 왜 이리
가슴을 파고들며
쓰라림은 왜 이리
깊어만 가는가

먼 곳에서 손짓하는
빗속의 길은
아득하구나

스스로를 달래
홀로 설
평온의 단비를
내리게 하기까지는

아직
긴 세월을
기다려야 하는가 보다

## 지성의 창을 열고

그대와 마주 앉으면
무수한 영혼들 손짓 한다
차디찬 지성의 시퍼런 사슬에서
온갖 지혜와 비전 나오나니
보석처럼 빛나는
그대의 눈에 온 세상 열리고
울울창창한 숲처럼
온갖 것 거느리고
무한의 세계 펼친다
지성의 창 열면
하늘로, 하늘로
모든 한계 다 초월하여
영원과 마주한다

## 밤에는

깊은 밤
영혼은 잠 못 이루고

희미한 옛날과
아득한 앞날이
흐릿하게 교차하는데

영원의 끝을 향해
몸부림치는
충격들이 시퍼렇게 몰려오고

어떻게든
찾아야 할 것들이
어둠 속에서 서성이고

마음은
뒤척이는 파도 속에서
갈 길을 찾지 못한다

누웠다 일어나고 일어났다 눕는
영혼의 몸부림
내일을 위한 처절한 신음인가

밤이 깊을수록
더욱 짙어만 가는
영혼들의 외출

## 봄날은 간다


흙바람 불어 을씨년스런 봄
가난과 병고로 눈물 흘렸던 봄
그래서 온 산의 붉은 진달래와
노란 개나리가 아름다움으로 다가오지 않고
고통으로 가슴 헤치던 시절
이제는 바람 잔잔하고 희미하지만
꽃들 속에 그대 모습 보이고
미소로 돌아서는 향기를 느낀다
얼마큼 더 세월이 흘러야

봄 동산의 새소리와 꽃 잔치를
아지랑이 속에 그리운 추억으로 삭힐 수 있나
봄날은 짧게 뛰어 저만치 그늘을 남기고
처마 끝에서 지저귀는 강남제비 날개를 피는
저녁노을 속에 마을과 사람들이 붉게 물든다
그리고 이 산하에 휘몰아치던 흙바람이
지금은 고층 아파트 사이에서 화려한
네온사인으로 너울너울 춤을 춘다

# 2부
## 일상을 바라보며

## 일상을 바라보며

매일 아침 창가에 앉아
밖의 세상을 본다
은행나무 너머, 자작나무 몇 그루
그 뒤를 감싸고도는
넓고 아늑한 소나무 숲

계절마다 색깔 변하고
하루에도 몇 번씩
하늘의 구름 변하듯
숲을 뒤 흔드는 바람의 몸짓

아무 것도 조금 전과 같은 것이
없음에
숲을 보는 위치와 시각에 따라
모든 것이 변함에

내 존재가 바람처럼
움직임에
오늘 일상으로 이 모든 것을
받아들일 수밖에 없음에

나의 일상은 사유 속에 존재한다

## 은행잎

차가운 가을비
노란 은행잎을 재촉하며
거리엔 낙엽 구르는 소리

벌써
지나는 이들의 발길엔
눈을 밟는 소리

가을은 성큼 도로를 짓누른다
노랑으로 덮인 아스팔트 위로
성미급한 여인네들의
코트 끌리는 소리

추일(秋日)의 쓸쓸한 서정
한 줄기 싸늘한 빗방울
시름 잊으려는 주막집
흥얼거리는 노랫가락

희미한 불빛 사이로
가을의 많은 빛깔들
어깨동무를 한다

아롱진 눈물 사이로
찬란했던 추억
지금 낙엽 속에 어른거린다

모두는 노랗게 물들고
바람은 이따금
낙엽 뒹구는 소리로
옛날을 뒤섞는다

## 졸업생들에게

졸업의 사슬로
너를 묶는다

조금씩 눈을 뜨더니
어느 사이
천길 벼랑 위에서
아찔해 하는가

바람처럼 스치던
시간들이 말없이 흩날리는데
나의 것을 움켜지려고
얼마나 발버둥쳤던가

이제는
오색 영롱한 꿈들
흰 눈발되어 흩어지고
나의 존재는
몰려드는 밤 속에서 아물거린다

손짓하던 낭만
하얗게 돌아서고
가슴 부풀리던 축제

샹들리에 불빛 속에 녹아들어
웃고 울고
그렇게 사라지는구나

내 가슴을 그토록
애잔하게 했던
정아여
정아여, 너도 함께 안녕

앞으로는 저승에서도 만나질 말자
아름다웠던 것들
정들었던 것들
그저
우수처럼 흐르기만 하자꾸나

졸업의 사슬을 푼다
불빛이 꺼지고
"우리 다시 만날 때까지"를 부르면
우리 모두다
다이달로스의 새가 되어
날자꾸나
암흑의 이 밤이 다 새도록

## 구름이 자욱한 들 산에서


금방이라도 소낙비 퍼부을
하늘이 온통 캄캄해지는
뒷동산 깊은 계곡에서
그윽하게 들리는 뜸부기 소리
아련한 외지에서의 슬픔을 불러일으키고
가난과 흙바람이 끝없던 시절
비새는 천막 교실에서
그래도 엘리엇의 몇 줄 시를
영어로 읽던 꿈
이 연구실에서 가슴으로 파고드는
눈물이 된다
잉크로 흐르는 언어로
지성의 찬바람으로
그래서 구름이 자욱한 들 산에서
이름 모를 안개로 피었다가
추억을 이리 저리 휘감고 돌아
한 잔의 커피 속에서
눈물처럼 녹아 없어진다

## 무엇 때문에

무엇 때문에
발버둥을 치고 있나

여기
저기서
쫓고 쫓기는
무리들을 본다

돈이 많다고
권력이 좋다고
명예를 얻자고

삶의 바람은
거세게 몰아치는데
철저하게
생을 인식하려 않고

거리에서처럼
시장에서처럼
따라가고 쫓아가는
바보들의 행진이 있을 뿐
요란한 소리만 들릴 뿐

텅 빈 사람들
허수아비처럼
힘이 없구나

무엇을 향해
어느 곳인 지도 모르고
그저
급하게 달리기만 하는구나

## 뜨거운 여름의 성숙

이글거리는 태양은 지금
하늘 높은 줄 모르고 빽빽이 치솟은
야자나무 숲에서 긴 잠을 잔다
고국에서는 수박이 한 참이겠지만
이 열대나라에서는 모두
뜨겁게 누워만 있다
밤과 낮이 없고, 시작과 끝도 없이
어디쯤에서 찬바람이 불어오면
이 여름은 성큼 길을 내주리
이제는 더 이상 머뭇거리지 않고
뜨거운 것만큼 성숙하여
부드러운 미소 지으며 손짓으로 인사하며
저 깊고 넓은 야자수 숲 속으로
태양이 지듯이 아주 낮게 모습을 감추리

## 학생연극 바냐 아저씨(Uncle Vanya)

신선한 5월 이 계절에
몸짓과 언어로
우리를 부르는 무대가 있다

커튼이 걷히고
조명이 켜지면
요란한 복장의
광대 같은 배우
배우 같은 인생들
전혀 새로운 세계를 펼쳐간다

웃음은 눈물
고통은 환희
어우러져 흘러가는 연극의 한마당

열기와 성의
정교함으로 엮어갈
이 Uncle Vanya에
박수와 찬사를 보내자
그리고
텅 빈 무대의 교훈으로
다시 서고 다시 생각하자

## 외로운 창가

외로운 창가에
쓸쓸한 가을비
주룩주룩 마음을 아프게 하고

외로운 창가에
건너 쪽 초가집
외로운 노파 신음소리 들린다

해가 중천에 떠 있고
흰 구름 한없이 높아 가는데
어이 이 골목엔 침묵뿐

웃고 또 우는 것이
이 곳의 일상이라지만
오늘은 모두 정지한 듯

조용해

분노와 절망, 환희와 좌절
반추되는 시간에 이르러
모든 것 되새김질에 매여 있다

외로운 창가에
살고 죽고 그러면서
다시 태어나는 법 배울 순 없나

외로운 창가에
오늘과 과거, 내일과 오늘
한 줄로 정렬하는
큰 강물 줄기 그려 본다

# 내 혼이 머무는 곳


우수의 강물에
내 불붙는
혼을 쏟아 붓는다

수묵으로
깜깜해진 화폭 속을
배반당한 여인이 되어
홀로 걷는다

암흑 저 너머에서
아직도
배회하는
내 혼을 어루만지며
절망을 풀어헤치리라

추운 겨울 속에
육신을 더 떨게 하여
심혼을 벼리는
고행자의 길을 걷는다

거꾸로 서서
수천의 별을 세는

겨울나무가 된다

인고의 손끝에서
무한한 언어를 튕겨 보내는
그런
칙칙한 하늘의
맹인이 되어
눈을 떠보려
안간힘을 써본다

## 따스함에 대하여

꽁꽁 얼어붙은 손을
호호 불며
따스한 아랫목에 손을 넣었지
한 순간의 위로치고
이보다 더 큰 행복 어디있나

상처로 괴로워할 때
꼭 잡아주던 온기어린 손
눈엔 미소가 흐르고
촉촉이 젖어오는 손바닥의
전율이 온 몸을 감싸고
걷던 길 위에 낙엽이 져도
아득한 길을 상상만하며
이 길 끝에 가면
이 얼어붙은 가슴 녹여줄
아늑한 품이 있으리라
없어도 끝까지 걸으리라
아직 하늘 끝은 모르니까

## 캠퍼스 가을

풀라타나스 갈색 단풍 흐드러진 나무 아래
조용히 앉아 붉은 노을을 응시한다
이 캠퍼스에 얼마나 많은
봄꽃과 가을 단풍이 스쳐지나갔나

너의 모습은 곳곳에서 어른거리고
가을비라도 주룩주룩 내리고
흰 눈이 수북수북 쌓이면
추억이 아름답게 대답할까

엘리엇(T. S. Eliot)처럼 절망하고픈 밤
까뮈처럼 부조리의 늪 속에 빠지는 것일까
아니면 개도, 말도, 저 새도 생명이 있는데
데스데모나여, 너는 왜 생명이 없느냐? 고

뜬 눈으로 지새운 밤뒤에 새벽 한기
그 허기진 영혼이 가여운 그대
이제는 마음 곧추세우고 일상으로 와야 할 시간

캠퍼스 가을이 이런 색깔로 물들면
고뇌와 허무의 시간 모두 떨구고

앙상한 이지로 겨울을 지낼 수 있도록
캠퍼스의 가을을 미리 만들어야지

## 서재를 꾸미고

오우크 나무로 된 책상
가즈런한 책장의 책들
캄캄하던 방에 원터치 하면
스탠드 등이 새로운 세계 펼쳐보이고
구석에는 옛 골동품 기지개 편다
나만의 공간
정다운 언어들 속삭이고
묵직하게 장정된 책들
고전의 지혜가 솟아나고
현대의 뉴스가 자리하는 곳
이제사 정신의 고향에
진달래 꽃, 개나리 꽃 피고
아지랑이 더욱 짙어
조이스의 세계에 들어설 수 있나
기웃거리는 사이
책의 숲속 깊이 들어와
꿈나라로 훨훨 나른다

# 상형문자 무늬 우산

신비한 무늬 우산 펼치면
너의 미소 하늘로 퍼지고
눈빛은 금세 상형문자
점 박히며, 가슴을 녹인다
떨리는 손 귓가에 이르면
핏 속에 짙은 전류 흐르고
신기하지, 아무렇지도 않게
스르르 흘러내리는 이슬
풀가에 어스름 몰려오면
안개처럼 전신에
흐르고 흐르는 사랑

## 의자에 앉아

하루를 다 보내고
의자에 앉아
생각에 잠긴다

잡다한 생각들이
조금씩
가닥을 잡아가고
시간을 보내는 만큼
진실의 나무는 커간다

언제 까지나
의자에 앉아
지칠 줄 모르는
영혼의 갈증을 삭히며
세월만큼 이라도 성숙을 염원한다

온갖 상념을 가다듬어
강물 줄기처럼
슬슬 풀려가는 길을 따라가 본다

영혼에 고통을 가하는 만큼
전신에 진실의 전류가 흐르는 듯

그래서
앉을 수 있는 의자는 고맙다

## 춥고 어두운 거리에


춥고 어두운 거리에
밤이 몰려온다
작열하던 여름의 풍요와
싸늘한 가을의 흐느낌이 지나고
무겁게 겨울이
이 거리를 짓누른다

이 땅의 가난한 자들과
병든 자들
쫓기는 자들
외로움에 허탈해진 사람들
잠시 쬐였던 따스한 햇살마저 가버린
차가운 거리에서
가슴 속까지 저려오는
억울함과 애통함이 통곡한다

고통으로 만신창이가 된 몸을 이끌고
밤을 또 지새워야 하는
갈 곳 없는 사람들
동토(凍土)의 황량함과 절망이
이 땅에도 전개된다

추위만큼이나 매서운 눈을 뜨는 양심은
이 아침이 어둠으로 다가오고
기다리는 시련들이
차가운 바람에 몸을 떤다
춥고 어두운 거리에
또다시
절망이 울음 울고
외로운 사람들은 서성인다

## 캄캄한 밤에

이 허허한 벌판
캄캄한 밤에
모든 고통
아주 묻어버리고 싶다

빛은 어두움에 함몰되고
기러기의 울음소리 북쪽으로만 기울고

꺼져가는 불빛들이 바다가 넓음을
솟구쳐 오르는 파도가 바다의 깊음을
다다를 수 없는 허공임을
절망의 끝이 다가옴을

캄캄한 밤에는 그래서
죽음과 벗 삼고
그저 북쪽 하늘만 보기로 한다

상당한 시간이 흘러야
캄캄한 밤은
슬그머니 마주 잡을 손을 주겠지

## 예술은 구속

예술은 구속위에 피는가

떠들고 싶고
으시대고 싶고
최고이고 싶고
그러면서도 꾹꾹 삼켜야하는 것

사실은 이렇다고
시비는 저거라고
옳음은 여기고
거짓은 저기라고
그런 것을 다 알지만
입 다물고 눈멀어 있는 것

참다 참다 참지 못하고
속으로 삭이다 삭이다 삭이지 못할 때
비죽이 꽃망울처럼 터져 나오는 것

예술은
그래서 가장 큰
구속 위에 피어나는
이름 모를 영혼의 꽃

## 강가에 오면

내가 바라던 모든 것 있었는데
이제는 강마저 사라졌구나
강가에 오면
가슴이 설레고
원하던 모든 것 쏟아 부었는데
출렁이던 흐름 속에
격동의 세월도 보내고
하늘이라도 내려 비치면
무한한 기쁨을 느꼈는데

강줄기조차 없어진
황량한 강가에서
공장의 건설소리만 들리고
나의 꿈들은 이제
곧장 연기 속에 없어져간다

푸르고 움직이는
살아있는 강 건너 저편에
다시 다가갈 날 있을까
강만이라도 흘러가라

## 여기에서 저기까지

눈물이 강물 이루어 감사가 되고
고통이 쌓이고 쌓여 진주가 되고
고독의 밤이 깊고 깊어 하나의 그리움이 될 때까지
여기에서 저기까지
무슨 인연 무슨 격변 있어야 하나
수년간의 침묵이 돌처럼 굳고
수년간의 명상이 안개 속에 묻힐 때쯤
미소 지으며 나타나는 존재
여기에서 저기까지는
너무 아득하고 멀구나
그래서 길도 없구나
그래도 여기에서 저기까지를
꿈꾸는 시간이
내 존재의 전부임을

## 꽃 길 따라 동화 속으로

안개꽃이 자욱하여 신비한 들판 봄 아지랑이 춤추고
저 끝에 미소 지으며 그대는 손짓 합니다
방금 감은 생머리의 풋풋한 젊음이
물 향기 날리며
너울너울 춤을 춥니다
세상이 너무 아름다워 신나게 신나게 방방 뛰네요
뜨거운 모닝커피 한 손에 쥐고
다른 손으로 꽃가지를 꺽네요
너무 깜찍해 함께 가려는 것이겠지요
그런데 그렇게도 좋으신가요
바라보기조차 아깝게 들판을 달리고
이제는 들판 끝 바닷가를 달리네요
포말이 연신 철썩거리고 유람여객선 기적소리 따라
이국을 여행하던 추억이 어른거리고
지금쯤 그 거리에서 술 마시고 춤추던 순간이
바다 갈매기로 떼지어 날아오네요
가야할 아득하고 먼 길이
그대 눈동자 속에서는 일 센치도 안 되는 것
그렇게 간단하고 쉬운 것을
머리 아프게 생각하는 건 딱 질색이지요
모든 것이 아름답고 즐거운 꽃길이니까요
도란도란 이야기 꽃 피우며

새 둥지의 새끼들이 연하고 노란 주둥이로
비비며 삐약거리듯
지금은 마냥 행복하답니다
계절도 따뜻하고 먹을 것이 풍족한 꽃 길 따라
동화 속으로 가고 있으니까요
이 나라엔 모든 것이 미소 속에 녹아들어
행복만이 존재 한답니다
언제나 어느 때나 여보세요, 반가워요, 보고 싶어요
중증환자는 그래서 더욱 즐겁고 행복합니다
복잡하게 생각하고 따지는 것은 처음부터 없으니까요
모든 것이 안개 속에 사라진다는 것을 왜 모르셨나요
미소 지으면 그만인 것을
아무 이유 없이 모든 것을
받아들이면 되는 것을
그래서 가장 완벽한 행복의 나라는
꽃 길 따라 동화 속으로 가는 거랍니다
여보세요, 반가워요, 보고 싶었어요, 알지요

# 낙엽

짙은 갈색낙엽
비바람에 짓이겨 이별을 고한다

빨갛게 물든 낙엽
석양 속에서 커다란 춤을 춘다

죽음과 함께 걷는 길
그 가는 길에 흰 눈이 펑펑

장례식 치고는 지상에서는 최고
빨간색과 흰색의 조화

갑자기 하늘이 열리고
새로운 천지의 빛들이
확 쏟아져 황홀해진다

낙엽이 온 천지에서
너울너울 춤을 춘다

# 가을비

단풍나무 길게 물들어
빨갛고 노란색으로 포위된 곳
지금은 비가 마구 내려
어두운 동굴 같다
추억과 슬픔이 빗물에 짓이겨
돌담 끝에서 낙엽처럼 쌓인다
아장아장 걸어 나가
손짓하는 작은 청춘아
이제는 돌아서는 이별 앞에
앙앙 울음을 터트리지만
가을은 깊숙이 그 뼈를 드러낸다
금년이 가고 이 생이 가고
자연의 순환은 저만치서
하얗게 손짓을 하고는
이내 바람 속으로 사라지고 있지 않나

## 스웨터


매서운 찬 바람에
살아가는 것마저 무서워질 때
따스한 스웨터
온 몸을 감싸고
부드러운 손길로 추위를 녹인다

내 너를 안으면
곤히 잠들 것을
내 너를 품으면
사랑의 미소 넘칠 걸
내 너와 같이 걸으면
괴로운 인생 길에
미소가 피어날 걸

너 나를 잊어
추위에 떨고
외로워 눈물 흘리는구나
스웨터로 온 몸 감싸듯
내 너를 깊이깊이 감싸려니
두 손 들고 어서어서 오려무나
어느날
주님이 이렇게 부르시네

## 추운 밤엔 따뜻한 온기로


너무 많은 일을 해, 육체는 녹아 떨어지고
너무 많은 고통으로, 정신은 쓰러졌다
너무 힘든 인생길에, 가시와 돌멩이
내가는 도저히 비켜갈 수 있는 벼랑길
따뜻한 온기가 그립고
잡아 이끌어 줄 손길이 절절한데
캄캄한 밤 속에서 허덕이고 있다
한번 쯤 비추어 올 별빛은 보이지 않고
절망의 터널을 깊이깊이 들어가고
새벽은 결코 오지 않는 것인가
절규의 끝에, 포기의 낭떠러지에
시퍼렇게 흐르는 강가에
절망의 허수아비로 서 있을 때
하늘에서 천둥 번개가 일고
땅은 꺼져 없어질 때, 그때다
따뜻한 온기로 이 추운 밤을 버티게 할
부드러운 미소의 손길

## 겨울 감기

추운 날엔 조심하라 했는데
독감에 딱 걸렸다
세상이 다 떠나가 버린
뼈 속에 면도칼을 대는 듯
살아서 의식이 있다는 것이
이토록 아플 수 있나
차라리 죽음이 훨씬 편한 것 같은
아픔과 추위, 사랑과 이별 같은 것
눈이라도 펑펑 내리든지
영하 40℃쯤 되어 온 천지 얼어붙든지
고열이 나고 목에서는 피가 난다
혹독한 시련이야 견뎌야지만
이 순간 같아서는
천년 전에서 천년 후를 가는 듯이
지겹고, 아프고, 어지럽다, 세상이

# 동백꽃

아픈 상처가
이렇게 빨갛게 피어나다니
인생 고비마다를 넘긴
자국들이 알알이 멈추었구나
되돌아보면 까마득하던 길이
한 순간에 멈추어
빨간 꽃으로 몽우리졌구나
그 속에는 수많은 시련 있는데
그리움과 외로움 속을 싸고
슬픔의 눈물 흘리며
뚜벅 뚜벅 혼자의 길을 걸어온
차가운 겨울바람 속의
한 여인의 붉은 입술이여라

## 그리움

아지랑이 속으로 걷다가
꿈 길 따라 어느 곳에 머물게 되어
눈을 떴지요
그곳에서 미소 짓는 눈부신 그대여
아무 말이 없으나 모든 것을 말하고
아무 몸짓 없으나 모든 것을 행하는
그래서 완전하라고 느끼게 하는
그러면서도 아무 형체도 없는
구름 같고 바람 같은 모습이여
때때로 몰려오는 그리움은
가슴 속 깊은 곳에서
신음하며 꽃으로 피어오른다
이름도 없이 기약도 없이
흘러갔다가 없어졌다가
그러다가 다시 가슴팍을
쥐어짜며 다가오기도 하지

## 할미꽃

할미꽃을 보기가 민망하다
허리는 굽어 땅에 닿을 듯하고
잎들은 거센 바람에 찢겼는데
간신히 빨간 꽃을 피워냈다
하늘을 향해 꾸벅꾸벅 졸고만 있다
평생을 하늘 한번 보고 싶었건만
땅으로만 구부려져 있는
그래서 할미꽃은 외롭고 서럽다
꽃 속의 노란 가루는
수줍은 처녀시절 부터의 정조
남이야 그냥 지나치는 것이라지만
나에게는 생명보다 귀한 것
그래서 모든 잎과 줄기가
나를 향해 굽어 있지
땅만 바라고 살라했지

# 3부
# 여행길같이

## 여행길같이

여행길같이 즐거운 것이 있으랴
여행길같이 가벼운 것이 있으랴
머나먼 타국 땅
이름 모르는 것들 속에서
온갖 나무와 꽃과 새들을 본다
그들의 모습이 이국적이라는 것에
새삼 마음이 부드러워진다
한 모금 따뜻한 모닝커피
입가에 닿을 때 쯤
이국에서의 아침은 더 없이 신비롭다

오늘은 모르는 사람들 사이에서
낯선 풍경에 나를 맡기리라
여기서는 그렇게도 익숙한 것들이
저기서는 그렇게도 낯설다는 것
그래서 인생은 한없이 신나기도 하고
스르르 맥이 빠지는가 보다
마음 뿌듯해지는 곳으로 가고 싶은 것
그래서 여행길같이라 했지

다시 돌아갈 생의 터전에
활기차고 기쁜 일 피어나라고

오늘은 이 오아이스 근처에서
모닥불을 피우고 정성을 모으리라

여행길 위에 아지랑이 너울너울 춤을 추듯
내 돌아가면 지루했던 터전 위에
신기루가 펼쳐지기를

## 바스(Bath) 지역에서

안개 자욱이 내리고
고색창연한 로마의 흔적들
바스 지역에서 손짓한다

유구한 역사 속에
파묻힌 영광의 순간들이
돌이끼 사이에서 속삭이고

육중한 돔 희미한 색 사이로
형상 보이며 호령한다

유럽과 영국이 여기서 만나
세계를 지배하고
세계사를 다시 쓰겠다고
맹세하던 곳

영원으로 새겨질
부슬 부슬 비 내리는 바스 뒷 골목에서
갑자기 과거가 손 내밀어
악수를 청한다

## 예태보리거리

늘씬한 사람들, 거리를 걷는다.
백야 때문에 캄캄해야 할 시간에도
훤한 야경아래 멋을 부린다
어스름 길에, 이곳 저곳에서
속삭이는 사람들의 소리
마시며, 떠들며, 황홀하게
예태보리의 밤 거리엔
붉은 등과 하얀 등이 나란히
서양인과 동양인이 손잡고
오랜 것과 새로운 것이
그저 밤으로, 밤으로
끝나지 않을 듯
동화같은 이야기로 밤을 수 놓는다

## 스캐부 호텔에서의 아침

찬란한 햇살 환히 비쳐오고
여러 종류의 빵과 버터
각종 과일, 색깔도 많구나
동양인과 서양인, 식성도 다를텐데
모두 맛있게, 든든하게 먹는다
오늘은 8시간 동안이나 버스를 타야한다
수박 맛이 상큼하고
오렌지, 입안에서 향기 풍긴다
식사 후의 한 잔의 모닝커피
이국에서의 정취 물씬 풍기고
인생이 여행길에서 만큼
행복할 수 있다면
커피 속에 모든 시름 녹이고
오늘 여로를 위해 심호흡을 한다

## 햄릿 성을 보며

가랑비 내리는 하이 페리 배 위에서
바다에 떠 있는 우울한 햄릿 성 본다
금방이라도 햄릿 유령 나타나
천하의 비밀 무섭게 토로할 듯
하늘마저 찌푸려
지엄한 모습 보이고
붉은 벽돌 이끼
세월만큼 퇴색한 유령의 당부
세상이 지금 관절이 빠져 있음을
여기에 사악한 음모 있음을
의식 깊은 곳에 비수처럼 꽂히지만
나약한 몸과 마음이라
이 세상 바로잡기 위한 결단을
내리지 못함을
그 비통함을
그러나 심오한 지성의 외침을
영혼 깊이 간직하고 있음을
안개는 성을 감싸며 돌고 있다

## 호화 여객선, 실자 라인(Silja Line)

거대 여객선 실자라인
짙푸른 발탁 해를 서서히 가로지르며
그림 같은 섬들 사이에
흰 연기를 길게 뿜으며
몸을 움직인다, 품위 있게
낭만을 풍긴다, 여유롭게
뷔페 식당에선 25가지 요리
각국에서 온 사람들, 여러 가지 언어로
꽃을 피우며, 길게, 맛있게
한 잔의 포도주가 추억을 떠 올리고
노래와 춤으로 밤을 지새운다
여기쯤에서 쉬어가자, 뱃고동소리에
먼동이 틀 때까지
부딪혀 오는 포말의 바닷물
무지개를 끌어올리면
새 부두에서 몸을 푼다

## 아들레이드 추억

거리는 온통
세계 청소년 연극제 플랭카드로
펄럭이며 춤춘다
하늘은 맑아 수정을 깔아놓고
푸른 녹음의 파크에는
여러 나라 사람들 모여 웅성거린다
여기저기서 사람들 자기 세계 자랑에 바쁘고
나그네의 눈에 비치는
조용하고 활기찬 도시의 움직임
순수를 지키고 청소년을 육성하기 위해
세계 연극인을 모아 한판 축제를 벌인다
원시 세계의 신비와 현대의 첨단이 악수하며
문화의 영역을 한없이 확장시키는 곳
그 중앙에 서서
현실과 상상의 세계를 왕복한다
동양과 서양, 흑인과 백인, 부자들과 가난한 자들
모두모두 손잡고 빙빙 돌고 돈다
연극 속에 세계가 있고, 세계는 연극 속에 녹아드는
그래서 아들레이드에서는 모두 잠든다
행복한 개구리 왕자 되어
미래의 꿈을 지금 만들어가고 있다

# 랍슨 강

우리가 달리는 내내
비가 주룩주룩 내렸다
옆에는 무서우리만치
거세게 흐르는 랍슨 강
깊고 웅장한 너의 함성을
이 천하가 신비의 영역임을
아무 것도 묻지 말고
그저 지나가라는 훈계처럼
어린 시절 장마비에 홍수가 나고
모든 것을 삼키며 굽이돌던 강물
이 캐나다 땅에선
육지와 바다
인간과 자연을 이어주는
신비 그 자체로 존재한다
나도 너를 묻지 않으니
너도 나를 묻지 말라며
거센 소낙비 속을 더욱
힘차게 흐르고 흐른다

## 눈 덮인 랍슨 산

우뚝 솟은 웅장한 랍슨 산이여
그대의 넓은 품은 우주를 감싸고
높은 봉우리 흰 눈
경악과 탄성을 자아내고
자연이 최고의 예술이요
극도의 완성임을 말하네
이 무더운 여름에 흰 눈발은
고고한 정신의 속삭임
저 밑에서부터 몰려온
모든 세상사 걸러지고 사그러져
순백으로만 찬란히 비추나니
태양 빛을 만나
경건의 마음을 일으키나니
이제는 신선처럼
구름 위를 걷고 있네

# 샌드맨(Sandman) 강가에서

어둠이 깃드는 샌드맨 강가
바다처럼 깊은 물결이
이 깊은 산 속 마을을
포근히 감싸고 유유히 흐른다
그 강가
이름 모를 나무 그늘 벤치에 앉아
나그네는 시름을 달래본다

이렇게 넓고 풍요로움 속에
여유 있게 걷는 사람들
천천히 말하고 편안하게
앉아 담소하는 사람들

샌드맨 강은 지금
세상 모든 일을 잊고
흘러가라고만 말한다
물처럼, 바람처럼

흘러가면 큰 강과 만나고
마침내 거대한 바다에 이르를 것이니
그때 그 곳의

우주에서는 아주 다른 존재로
조용히 그리고 유유히 흐를 것이라고

## 밴쿠버에서

온통 옥색으로 수놓은
나지막한 산과 숲
숲 속의 집들이 숨바꼭질하는 듯
중심가를 흐르는 강엔
뗏목들이 경주를 하는 듯
조용하다 못해 멈춘 듯
사람들조차 보기 힘들고
뜨거운 여름 햇빛아래
깊은 잠을 자는가
여기에 평화와 정직이
자연과 인간이 나란히 누워있다
밴쿠버는 그 깨끗함과
맑음으로 다시 태어난 듯
지상의 마지막 낙원인 듯
강을 끼고 굽이굽이
동화와 전설이 흐르는 듯

# 페이토 호수(Peyto Lake)

스펙트럼으로 호수는
자수정 속에 빠져있다

모든 빛을 받아
가장 아름답게 반사하는
천혜의 호수, 페이토

네가 미소 지으면
산천이 행복하고
네가 기지개 펴면
온 세상 활기차게 일어선다

그 호수 중앙에
내 마음 던져
녹색으로 스며들고 싶다

너와 함께한 시간이
영원하며
호수와 산과 하늘이
너울너울 춤을 추는 듯

## 장용산 계곡


소나기 며칠을 퍼부어
산은 짙게 물들고
계곡물은 더 없이 깊다

물속에 푸른 하늘 그림 같고
스치는 바람 산뜻하다
달려온 길이 고달파도
이곳에서 잠시
구름처럼 편안해 진다

이름 모를 새 떼들 지저귀면
눈 감고 고향 강물 떠올려
끝없는 벌판의 잠자리 떼 본다
과거도 현재도
소리 없이 가라앉는다

흐르는 물처럼
모든 것을 떠나보내라고
먼 곳의 구름이 손짓 한다

# 팔각정


파도는 넘실거리고
먼 곳에 돛단배 아물거리는데
팔각정에서 보면
푸른 하늘과 녹색의 봄 산이
바다에 빠질 듯하다

서서히 눈길 닿는 곳마다
노랗고 붉게 타오르네
이 아름다운 봄 아지랑이 속에
추억과 꿈들이 녹아들고

하늘을 훨훨 나는 독수리
팔각정 그늘 속에 몸 숨긴 사람들
하늘과 바다와 산을
모두 흔들어 한 곳으로 몰고가네
그렇게 팔각정에 서면
저녁 노을처럼
인생이 붉게 붉게 물들어가네

## 간절곶

푸른 바닷물 육지를 부둥켜안고 출렁인다
모든 슬픔과 괴로움 달래며
철썩철썩 바위를 두드린다

방황하던 어두운 시절의 아픔을
곳곳에 스며들던 상처들
이제는 어루만질 수 있네, 미소지으며

지평선을 부르는 간절한 곳
뭉게구름 두둥실 떠 있다
이제는 느긋이 누울 수 있네, 소나무 그늘 아래

팔베개 사이로
눈동자 스르르 잠기면
푸른 하늘에 아득한 동화 같은 세계

여리고 고운 사랑의 새순
끝없는 들판을 수놓고
푸르름 가득 가슴에 몰려오면
간절한 이야기
이 바닷가에 뿌리기 시작한다

## 『햄릿』을 영어로 읽다

햄릿을 영어로 읽자니
마음이 아파오고
답답하여 분기
세상의 모습에 '저주받은 영혼'으로
신음한다
'사느냐 죽느냐'로 주저주저하다가
절망의 끝에서 그래도
미지의 세계에 대한 미련으로
이 세상에 하직을 고하지도 못한다
세상 우주만상에 회의도 품어보고
꼴좋은 사람들에게 연민도 혐오도 품는다
한 마리 제비가 죽는데도
하늘의 뜻 있음을 감지하고
'이제는 침묵'이라고 다짐하고
지성(知性)이 아름답고도 슬프며
깨지기 쉬운
감수성이 예민한 가슴임을 자각한다

## 아편과 함께
-토마스 · 드 · 퀸시에게-

이 지루하고 평범함 속에서
너무 놀라운 천재성을 안고 태어나
주체할 수 없었지
독한 지성과 우울은
마침내 아편에 미치게 하고

세상 그를 저주하고 범법자라 비웃지만
그는 자기 길을 뚜렷이 걸었다
「맥베스의 문 두드리는 소리」에 대하여
독특하고 놀라운 해석
혀를 내차는 섬광

찢어지는 육체의 고통
마약으로 잊으려 발버둥치는
영혼의 깊은 수렁에서
태평양을 건너 하늘을 훨훨 날아
동서양 지성에 불을 지피고는

어쩔 수 없는 아편 중독자임을
흐느껴 우는 퀸시님이여, 고이 잠드시라

## 몽블랑 만년필


손으로 꼭 쥐면 찰싹 달라붙고
청색 잉크 짙푸른 호수처럼 펼쳐지면
떨리는 마음으로 사연을 백지위에 풀어낸다

끓어오르는 마음은 짙은 검정 색에 녹아들고
만년설 심볼은 영원을 품고 있는데
어이타, 너는 말없이 미소만 머금는가

백지위에 무희처럼 발을 옮기며
추상을 언어로 바꾸어 놓으며
이내 허공 속으로 사라지는구나

바닷물을 다 빨아들여
하늘에 써도 못다 할 깊은 사연
그렇게 허무하게 흩날리느냐

낮이 밤이 되고, 다시 밤이 낮이 되어도
영겁의 시간이 손짓해도
다할 수 없는 마음
청색 속에 녹아드는
몽블랑 만년필

# 눈물

흔드는 하얀 손 너머
울컥 눈물이 흐르고
빗줄기 속에 흘러내리는
머릿결 따라
이별이 출렁거린다

공항의 찬란함이
슬픔을 더욱 아프게 하고
비행기 자취도 없이
사라질 때
영원 저 너머에서
가끔 구름으로 피어나는
흐느낌 없어도
눈물은 흐르고 있지

## 사진을 보며

짙은 눈썹
맑고 시원한 눈
두툼한 입술
언제나 미소짓는
너무 쾌활한 모습

때로는 너무 순진해
세상으로 가는 길
걱정되지만
지금은 호수 끝 보며
하늘 향해 기지개를 펼 시간

너무 많이 생각 말고
너무 많이 알지 말고
너무 달리지도 말고
숲 속 공기 마시며
찰랑찰랑 머릿결 휘날리며
네 잎 클로버 찾는
가벼운 발걸음

# 정글 숲

야자수는 하늘을 메우고
망고향기 너무 가득해
파도소리조차 조용한
이 정글 숲에서

살며시 가슴을 녹이는
먼 하늘의 흰 구름
두둥실 떠가는 비애로
온 몸을 감싸 안는다

한번 피지도 못한 사랑
피 토하고 죽는 사랑
이생의 너무 짧은 사랑

정글 숲에서 푸르름으로
다시 태어나지는 못하나
정글 속 깊이 들어갈수록
더욱 마음을 파고드는

추억이 바람 되어 숲 속에서
이리저리 춤을 춘다

## 가을비 지척이고


가을비 지척이고
몹시 짓눌린 가슴
너무 무겁다
빗줄기 한번 내릴 때마다
추위를 온몸으로 느껴야 하는
동토(凍土)의 나라에서

아무 훈기도 없는 처절함
모든 것은 없어지고
모든 사람들은 떠났다
그저 들판에 무서운 설움만 남아

눈이라도 푹 쌓이면
망각의 꿈속으로 들어가련만
지금은 지척이는 가을 비
인생을 진흙에 얼버무리고
뚜벅뚜벅 걷는 전쟁포로처럼
이 산하에 상처만을 뿌려
핏빛 강물 되어 흐르고 있다

# 가을의 슬픔

가을・낙엽・우수(憂愁)・비애
눈물로 적시면
바람 가슴을 헤치고
'너 죽겠구나' 문신 새긴다

지평선 저 쪽 끝
무서운 어두움
텅 빈 세월의 조각

가파른 벼랑
거센 폭풍우
처절한 울음소리

까만 죽음의 행렬
이 가을에 더욱 무섭게 몰려온다
삶의 끝자락에 매달린
가을의 슬픔 지나가면

영원한 휴식의 세계에 이를 수 있으려니

## 아파하지 마라

가슴조이며 기다리지 마라
너무 많은 것을 기대하지도 마라
아침 햇살 찬란히 비추면
모든 어둠 소리 없이 사라지고
새날이 오는 법

사라지는 것들
없어지는 것들
모두 다 제 고향으로 가는 것

아직도 마음에 애잔한 것이 있는가
아직도 아쉬움이 서성이는가
저 하늘과 구름을 보라
제 자리에 존재하는 것은
아무 것도 없다

그러니 더 이상 아파하지 마라
그리고 조용히
마음속에 큰 하늘을 품으라

## 언제나 해맑은 웃음

가련해서 좋고
앞길이 걱정된다
아무 때나 웃고
때로는 울고 있는
그래도 맑은 눈동자로
모든 마음 읽어내고
저 텅 빈 교실에서
누군가를 위해
열심히 일하는 모습

하늘의 것들을
지상에 옮겨오려고
쓰러지고 고달파도
언제나 해맑은 웃음
세상 사람 모두 떠나고
모든 것이 없어져도
너는 그 중앙에 서서
또
하늘을 향해
그저 해맑은 웃음 짓고 있겠지

## 가을 햇살

곱게 익어가는 붉은 감
느리게 흐르는 가을 강
고개 숙여 엎어지는 먼 산
바람에 조용히 춤추는 갈대 숲
햇빛 반사되어 반짝이는 개울 물
이제는 가을 햇살에
모든 것이 소리 없이 변한다
들판에 거두어지는 건초더미
음메 소의 긴 울음소리
고추잠자리의 긴 선회
시골 길을 달리는 삽살개
하늘을 붉게 물들이는 노을
이제는 가을 햇살 속에
축 늘어져 있는 삶
아무도 이유를 알지 못하는
계절의 손길

## 여름이 가면

뜨거운 햇살과
장맛비로 지겹다
여름이 가며, 서늘한 바람 분다

풍성한 열매 맺도록
태양이 강렬하고
들판에 바람 많이 불었지

열기와 성숙의 기다림 뒤로 하고
계절은 호수 중앙에 서 있다
우주가 익어 가다가
잠시 쉬는 지점에서
세상의 이치처럼 잠자리 선회한다

인생도 이 쯤에서
풀벌레 소리에
여름 보내고, 수확을 꿈꾸며
세월을 저 만큼서 응시한다

# 10월의 마지막 밤

떠나고 헤어진다는 것
아픈 것은 가슴의 상처 뿐만은 아니다
이제 떠나면
영원히 만나지 못한다는 것
그래서 지금은
짓궂은 가을비에
흐느적거리는 슬픈 낙엽

바람이 불어도 날지 못하는
진흙에 범벅이 된 신세
10월의 마지막 밤에
광란의 춤을 추는 그대여
목마름이 극에 달하고
손놀림마저 맥이 빠져 있는데
달려가고픈 곳이 있는데
텅 빈 하늘 향해
슬픈 외침이 어디까지 가랴
그래서
이 밤은 더욱 어둡고 길구나

# 4부
## 자작나무 그늘 아래, 나는 알았네

## 자작나무 그늘 아래, 나는 알았네(1)

너울너울 춤추는 모습
껑충껑충 뛰어오는 발길
두 눈엔 기쁨이 가득하고
긴 머리 바람결에 흩날리며
다가와 손 내밀며, 환한 미소
자작나무 그늘 아래, 나는 알았네
손잡고 지평선까지 달리면
세상도 뒤에서 따라온다는 것을
노래하네, 바람과 함께 춤추며
두 손 높이 들어 무지개를 띄우네
자작나무 그늘 아래, 나는 바라네
시간이여 멈추어다오
아무것도 오고 가지 못하게
영원 속에 모든 것이 깃들게

## 자작나무 그늘 아래, 나는 알았네(2)

암흑처럼 깊은 숲
하늘을 품은 가없는 호수
빙원이 무섭게 솟아오르는
게이랑 하르 피요르드 속에
천년의 슬픈 곡조, 솔베이지 송
흐르다가 흐르다가 꽁꽁 얼어
이제는 들리지 않음을 나는 알았네
자작나무 그늘에 그녀 서서
긴 눈길로 이승 길을 훑어봄을
아롱아롱 파도치며 가거라
햇빛 피해 그늘로만 가거라
뒤는 결코 돌아보지 말거라
자작나무 그늘 아래, 나는 알았네
영원한 사랑이 빙원에 갇혀
신음하는 소리를


\* 게이랑 하르 : 노르웨이 최대의 피요르드

## 자작나무 그늘 아래, 나는 알았네(3)

네가 지금 눈물 흘리지만
댓잎소리 차가운 북향 산에서
바르르 떠는 서러움으로
온몸을 구천(九天)에 떠돌게 하지만
자작나무 그늘 아래, 미소 짓던 시절
저 만큼 세월을 앞서가면
그윽한 향기 품으며 만만하게 걸었지
자작나무 그늘은 품속처럼 아늑하고
하늘의 별들 따라 꿈을 펼치고
개울가의 눈부심으로 꽃피던
봄날의 아지랑이로 잠재우던 시절
자작나무 그늘 아래, 나는 알았네
과거와 현재가 악수하며
다시 소리 높여 부를 이름 있음을
허공을 한 바퀴 돌고 나면
하늘로 떠가는 구름 있음을

## 자작나무 그늘 아래, 나는 알았네(4)

저녁 어스름이 몰려오면
구슬프게 울리는 솔베이지 송
그 운율마다 서러움 달래는
숲 속 여인의 고독한 걸음
따라 쫓아 가면 호수 속으로
래버린스(labyrinth)의 신화 재연됨을
자작나무 그늘 아래, 나는 알았네
두 손 꼭 잡고 늠름하게 자란 나무
저 마다의 찬바람을 막지만
벌판을 지키기엔 너무 힘겨움을
자작나무 그늘 아래, 나는 알았네
좁은 어깨의 여인으로
이 세파를 헤치며 노래하기엔
너무 큰 무게, 너무 깊은 슬픔
잊기엔 끝이 아득함을

## 자작나무 그늘 아래, 나는 알았네(5)

소식도 없이 살며시 다가와
맑은 미소, 검은 머리 휘날리고
지금은 공기 속의 정령(精靈)인가
아지랑이처럼 가물가물하고
자작나무 그늘 아래, 나는 알았네
한 곳에 머무를 수 없는 바람임을
한 곳에 떠 있을 수 없는 구름임을
자유여, 그 몹쓸 자유여
자작나무 그늘 아래, 나는 알았네
부르면 달아나 없어지고
잊으려면 달려와 서성이는
안개처럼 희미하게 적시는 것을
자작나무 그늘 아래, 나는 알았네
오고 가는 모든 것에 대하여
가고 오는 것이 없다는 사실을
의식하기 까지는 많은 시간이 필요함을

## 자작나무 그늘 아래, 나는 알았네(6)

아직도 먼 산 끝에 잔설 남아있고
이 따스한 오후에 찬바람 부는 것은
저기 쯤 가고 있는 걸음이 서러워
너무 힘겨워
자작나무 그늘 아래 잠시 기대어
지나온 길가의 버들가지 흔들며
그 날개타고 달려가고픈 게지
추억의 아름다운 강가로
자작나무 그늘 아래, 나는 알았네
아직도 끝나지 않은 노래 가락에
개울가의 소녀들이 놀고 있는 중
해가 서산에 기울고 노을 붉으면
두 손 들고 뛰어 올 줄로
자작나무 그늘 아래, 나는 기다리네

## 자작나무 그늘 아래, 나는 알았네(7)

그렇게 꽃들이 시들더니
산 하늘 푸르름으로 다시 일어나는데
눈물로 바다이루며
몸 가누지 못해 쓰러져
이생의 캄캄한 하늘가에서
내일을 보려하네, 정말 보려하네
통곡의 바다를 건너가
구름으로 수 놓여진 창공너머
손짓하는 그길 따르려하네
꿈이 아니면 갈 수 없는 세계
자작나무 그늘 아래, 속삭임으로
나는 알았네, 아직은 더 기다려야 함을
엄연히 존재하고 있는 세계
방향 몰라 어리둥절할 뿐
희미한 길 다 걷고 나면
환히 비추어 올
그 손길 부드러운 세계 있음을

## 자작나무 그늘 아래, 나는 알았네(8)

흐르는 눈물이 감사의 강물 되고
고통이 응집되어 진주되며
외로움이 예술로 날개 접는
이 거대한 인생의 항해에서
가난과 고통과 시련의
강을 넘지 못하고
신음하고 괴로워하는
한 마리 작은 새여
몸집을 박차고 나오라
욕망과 소유의 그물 벗어나라
미련도 집착도 떠나보내라
하늘을 나르려면
진정한 자유의 세계
그대 것으로 만들려면
눈을 감을 때만 펼쳐지는 세계
그 곳은
모든 것을 비워야만 하는
비정한 세계임을

## 자작나무 그늘 아래, 나는 알았네(9)

지상의 행복 끝에
더 이상 매달리지 말자고
님의 비석 앞에 서서
흐르는 눈물 멈출 수 없어
몇 송이 꽃들이 그대에게 바쳐짐은
이곳에 몇 사람 그리움의 표시겠지
되돌아 걸어가는 발길 끝에
아쉬움이 맴도는 것은
그래도 살고픈 인생이었다는 넋두리
하늘만이 우리의 눈을 들어
영원한 휴식을 구할 수 있는 곳
자작나무 그늘 아래, 나는 알았네
죽음이 삶에게 악수를 청할 때
발끝에서의 아쉬움과
눈 들어 보는 곳의 미소
공존의 의미 깨달아야 한다는 것을

# 자작나무 그늘 아래, 나는 알았네(10)

번화한 상가 길 모퉁이
푸시킨 동상 서 있다
푸시킨이 노래하던 삶
속이는 삶을 거부하고
꿋꿋이 전진하자고
국민적 영웅으로 태어났지만
아내의 미모 불행을 잉태하는
자작나무 그늘 아래, 나는 알았네
푸시킨의 동상과 입상들이
나무 그늘 아래 정겹게 다가오는데
38살의 젊은 나이에
애정에 결투 신청하여 총알에 쓰러지다니
가장 가까운 곳에 가장 쓰디 쓴 독약
심장이 폭발하는 곳에서
생은 끓어올랐다가 차갑게 식는 것
자작나무 그늘 아래, 나는 알았네
비참한 생의 종지부 위에
비장하게 솟아오르는 시극
영원이 무엇인가를 웅변으로 말하는
시 몇 구절이 총상의 비련을 딛고
예술로 촉촉이 젖어 옴을

## 자작나무 그늘 아래, 나는 알았네(11)

구슬피 흐르는 음악소리
전신을 눈물로 적시고
암울한 시간들이 들판을 뒤덮네
자작나무 그늘 아래, 나는 알았네
춤추던 모든 꽃들 시들고
허허한 벌판에 바람 세차게 불고
몽롱이 취해가는 추억의 시간
자작나무 그늘 아래, 나는 알았네
오고 가는 발길마다
이곳에서 잠시 설움을 달래고
이곳에서 잠시 아픔을 달래나
이윽고 다가오는 세월의 차가움
말할 수 없는 것들의 비밀과
시간들의 편린이
여기 저기 누워있는 것을

## 자작나무 그늘 아래, 나는 알았네(12)

나그네 설움 달래며 무성했던 나뭇잎
가지마다 시련 들어주며
시원한 그늘로 온몸 감싸주며 위로하더니
이제는 앙상한 가지만이
매서운 바람에 오히려 신음하네
자작나무 그늘 아래, 나는 알았네
작은 묘지 위 십자가만이
잠시 이 세상 머물렀음을
머지않아 나도 떠나야함을
자작나무 그늘 아래, 나는 알았네
아무도 모르는 끝없는 길 따라
수북이 쌓이는 눈
눈물이 흐르고 또 흐름을

## 자작나무 그늘 아래, 나는 알았네(13)

하늘 끝에 어둠이 몰려오고
혁명군들이 쓰러져 누워있는
슬픈 역사위에
찢겨져 뒹구는 깃발
자작나무 그늘 아래, 나는 들었네
젊음의 함성, 역사의 행군 소리를
인생을 송두리째 혁명에 걸고
매섭게 돌진하던 군화 발소리
모퉁이에 거꾸로 선 동상
자작나무 그늘 아래, 나는 알았네
정의는 한 때 목청을 돋우고
분노는 잡초 더미 위에서 퇴색하고
그토록 염원하던 새날은
불의와 부패 속에 잠들어 있음을
자작나무 그늘 아래, 나는 알았네
또 다른 혁명군은 거리에서
아이스크림과 커피에 취해 있어
조국은 오랜 시간
침묵 속에 갇혀 있을 것임을

## 자작나무 그늘 아래, 나는 알았네(14)

외길을 간다
다른 사람들 몰려가는
큰 길을 버리고
가파른 벼랑길, 가시밭 길
쉬운 길 다 버리고
너무 힘든 길을 묵묵히 간다
찬 바람 윙윙 불어
상처마저 시리운 길을
자작나무 그늘 아래, 나는 알았네
때로는 한줌 고운 햇살 덕분에
잠시 미소 지으며 갈 수도 있는데
외롭고 쓸쓸한 길
고집으로만 가는 길
넓고 큰 길 다 버리고
평온한 길 다 버리고
좁고 험한 이 길을 간다는 것은
영혼이 숨 쉬는 길
참다운 생명의 길이기에
자작나무 그늘 아래, 나는 알았네
외로이 혼자 걷는 그 길이
차라리 생명이 없어지면
더 큰 새로운 생명의 길임을

## 자작나무 그늘 아래, 나는 알았네(15)


넓은 초원의 풀
바람 곁에 흩날리는 이름 모를 꽃들
옹기종기 모여 있는 양 떼들
구름이 만드는 시원한 그늘

머리 곁을 풀잎처럼 나플거리며
치마 폭 흩날리며 뛰노는 모습
자연의 해맑은 품속에
세상과 함께 오밀조밀
삶을 이어가는 시골 소녀
무지개를 따라 달리는 마음
자작나무 그늘 아래, 나는 알았네
너도밤나무
상수리나무
하늘 향해 높이 솟아
울창한 숲 이루어
지상과 하늘이 맞닿은 곳쯤에
그대의 고향이 있음을

## 자작나무 그늘 아래, 나는 알았네(16)

미소 지으며 다가와
품에 안기면 고운 향기 퍼지고
나뭇잎 흔들리면 덩달아 달리던 모습
자작나무 그늘 아래, 나는 알았네
순록으로 세상 물들어 갈 때
아무 의식 없이 다가오던 모습
산천이 모두 푸르게 물들었다가
성숙이란 여름옷으로 갈아입고
가을 낙엽 따라
아련한 추억으로만 흔들거리는
사연들이 여기저기서 속삭이는 것을
자작나무 그늘 아래, 나는 알았네
그렇게 계절이 왔다 가듯이
그대의 발걸음이 가고 있는 것을

## 자작나무 그늘 아래, 나는 알았네(17)

흰 살결 세월 따라 검은 등걸 되고
갈라져 틈이 커지는 만큼
세상에 익숙해지고
지금은 허리 굽어
커다란 줄기를 버티기조차 어렵다는 것을
자작나무 그늘 아래, 나는 알았네
삼단 같은 무성한 잎
한 세월을 풍미하더니
이제는 노란 옷 갈아입고
흰 눈이 펄펄 온몸을 감싸 안을
차가운 겨울 앞에 몸을 떨고 있는 것을
자작나무 그늘 아래, 나는 알았네
기쁨과 환희로 너울너울 춤추더니
슬픔과 고뇌의 그림자로 흔들거리더니
이제는 조용히 어둠 속에 묻혀지는 것을

## 자작나무 그늘 아래, 나는 알았네(18)

덴마크 왕국, 그 고색창연한 지붕 밑
찬란한 영광과 유구한 역사
한 순간임을 일깨우는
저만치 보이는 국기
자작나무 그늘 아래, 나는 알았네.
피 흘림 없이 이루어진 왕정에서 공화정
멋있게 조국 역사 다시 썼던
고귀한 인물 니콜라스 동상
달리는 말 위에서
자유와 평등 꽃 피고
시인들 환호성 풍요로 화답하고
왕궁 깃발과 손수건이 나란히 휘날리면
자작나무 그늘 아래, 나는 알았네
진정한 영웅들의 기개
위대한 조국이 여기서 우뚝 솟아오름을

# 자작나무 그늘 아래, 나는 알았네(19)

달려갈까
가서 말해볼까
너의 귓속에 아주 부드럽게
그러면 내 말 들어줄까
아니야
부질없는 짓이야
말해서 전해질까
이 마음
저 건너편에 묵직이 서 있는 자작나무야
바람에 잎 날리며
매일 말 걸어오는 걸
나는 모른 체 했는데
정신 차리고
다가가려니
마음이 찔리는구나
눈물이 흐르는구나
그저 부끄럽구나
이제사 자작나무 그늘 아래, 나는 알았네
서성이는 이 마음
어찌해야 하는지

자작나무 그늘 아래, 나는 알았네

답이 없는 영원의 물음
이런 것들이
모두 거추장스럽게
영혼을 슬프게 한다는 것을

# 자작나무 그늘 아래, 나는 알았네(20)

길 양편에 하얗게
피어나는 목화 꽃
은하수 너머 하늘 끝 가듯
송이송이 탐스럽고
고운 새색시 얼굴인 양
부드럽고 여린 모습
자작나무 그늘 아래 선
달빛처럼 수척하고 가련하더니
나는 들었네
수런수런 속삭이는 소리
달뜨면 뛰놀고
달 지면 풀잎에 누워
눈물로 대지를 적시는 가련함
자작나무 그늘 아래, 나는 알았네
목화 꽃 몇 송이
가슴에 달고
하늘 향해 너울너울 춤추는 것을

## 자작나무 그늘 아래, 나는 알았네(21)

가을 낙엽을 쓸고 있는
허리 굽은 노인 골목길을 따라
청춘이 떨어지는 소리
인생이 멀어져가는 말발굽의 먼지
자작나무 그늘 아래, 나는 슬펐네
하얀 눈이 먼 산에서부터
모든 마을을 덮고
의식까지 하얗게
이제는 잊는 일만 남았다는 것


자작나무 그늘 아래, 나는 알았네


존재와 무 존재가 나란히 있다는 것
가는 것과 오는 것이 같다는 것
아는 것과 모르는 것이 하나라는 것
너와 내가 헤어져야 한다는 것
그런 것들이 모두 다
순간적 환영이 된다는 것

# 자작나무 그늘 아래, 나는 알았네(22)

숨을 탁 막히게 하는 더위
해결하지 못한 문제들

폐부 깊숙이 꽂히는 상처들
모든 것을 뛰어 넘으려
눈감고 캄캄한 밤을 달리건만

어떻게 어디로 가야하는지
벗어나려는 처절한 몸부림
애처롭기만 한데

날개를 활짝 피고 독수리 되어
망각의 하늘 나르고 싶은데
지금은 이토록 묶여 있네

이 모든 시간이 지나면
구름이 오라며 손짓할 것임을
비로소
자작나무 그늘 아래, 나는 알았네

## 자작나무 그늘 아래, 나는 알았네(23)

싸늘한 새벽 공기에
밤새 지쳤던 정신이
활짝 기지개를 피고
저 숲 끝에서부터 아침 햇살 비추어 오고

새소리조차 신선하다
물기 스며든 생머리 휘날리며
뛰어가는 님이여
다정한 미소로 다가오진 못하나

이글거리는 태양
대지를 붉게 물들였다 풀어주겠지
그렇게 많은 세월 지나
모든 것 퇴색하고
흔적조차 없이 모습 보이지 않는 다는 것을
자작나무 그늘 아래, 나는 알았네

## 자작나무 그늘 아래, 나는 알았네(24)

너그러운 마음으로 흐뭇한 미소 지으며
하늘과 땅을 보며
가까운 사람들을 보았어야 했는데
높은 곳만 보고 완벽한 것만 추구했네
나만 옳다고 믿고 달리기만 했네
무엇인가를 이루었다는 자만심만 가득하고
옆 사람 배려는 생각도 못했네
상처 난 마음 때문에 수많은 상처를 주고
반복되는 잘못이 온 몸을 둘러싸고
자작나무 그늘 아래, 나는 알았네
내 마음을 짓누르는 무거운 절망
피해 달아날 길 없는 막다른 골목
처절한 통곡으로 쓰러진 모습
언제쯤 여명처럼 다가와
얼음처럼 차갑고 바위처럼 무거운 마음에
따스한 온기 부드럽게 다가와
구름 거두어 내고 밝고 환한 미소
가벼운 발걸음으로 뛰어갈까
자작나무 그늘 아래, 나는 알았네
바람결에 몸 맡기고
세 세상에서나
넓은 마음으로 미소 짓기를

# 자작나무 그늘 아래, 나는 알았네(25)

네가 고운 목소리로 노래 부르면
나는 휘파람으로 따라갔지
노래 소리에 들판의 야생화 미소 짓고
부드러운 바람결에 멀리멀리
네가 떠나는 소리 너무 분명한데
그저 휘파람만 불고 있다니
눈물이 강을 이루고
절망의 바닷물이 온 몸을 삼키는데
희미한 노래 가락 소리에 온통 취해
일어날 줄 모르네, 자작나무 그늘 아래
노래 소리가 버드나무의 흐느낌 되어
강물로 흘러 바다로 가고 있는데
구불구불 흐르다 흐르다
이제는 흔적조차 없어질 것임을
자작나무 그늘 아래, 나는 알았네
모든 것이 흘러간 지금도
너울너울 만장기만
펄럭이네, 하늘 저 끝까지

## 자작나무 그늘 아래, 나는 알았네(26)

아픔이 무엇인지
없어진다는 것은 또 무엇인지
화려한 무대 위의 쇼는 끝나고
어둠의 장막 뒤에
구두소리만 내며 걸어나간다는 것
다시 떠올릴 수 없는 영광
환호하던 사람들의 함성
자작나무 그늘 아래, 나는 알았네
영광은 길지 않고
박수 소리는 더 이상 들리지 않으며
저미어오는 슬픔은
끊길 것만 같은 피아노 건반소리와 함께
외로움과 절망의 바다를 이루며
밤이 깊도록 자꾸만 다가온다는 것을
하여
지금은 눈 감고 무의식에 빠질 수밖에

## 자작나무 그늘 아래, 나는 알았네(27)

평생을 앞만 보고 달려왔다
달리는 길 내내
옆에서 시냇물이 졸졸 흐르고
복숭아꽃 화사했고
작렬하는 햇볕에 얼굴들이 붉었는데
아무것도 보지 못하고
그러는 사이 서산이 붉게 물들고
이제는 백발이 바람을 비켜가려 하는데
자작나무 그늘 아래, 나는 알았네
청명한 하늘을 본다
구름이 몰려왔다 사라지고
바람은 소리 없이 오고 간다
저 지평선 너머에서
손짓하는 이별
자작나무 그늘 아래서는
모든 것이 순간이며
영원임을 깨닫게 한다

# 5부
## 자작나무를 생각함은

## 자작나무를 생각함은


혹독한 추위에 떨고 있는 사람들에게
너는 활활 타올라 온기를 주더니
그 찌는 듯한 더위 속에선
서늘한 은신처 제공하더니
오늘 이 문명의 찬란한 거리에선
자이리톨 껌으로 미각 돋으며
입안에서 씹히며 인고의 세월을 보내는구나

추위와 더위, 그리고 고독의 순간에
피부에 와 닿던 너의 소멸
그 속에서 인간이 생명을 유지하고
역사를 여기까지 이끌어 왔다

네가 없었다면 모든 것 존재치 못하고
허공이었을 것을
눈 속에 얼어붙었거나
불 속에 타 없어졌을 것을

고독에 몸부림치던 날
그윽한 향기로 마음을 달래주던
자이리톨을 무한히 몸에 지닌

너는 정녕 삶의 근원이어라
인류를 지켜주는 거대한 자연의 품이어라

## 자작나무 가지 끝에 새움이 돋고

오랜만에 화창한 날씨
골목마다 싸립문 열리고
온기와 화색이 휘감아 돈다
어느덧 개나리, 진달래 꽃 잔치하고
앙상하던 자작나무 가지 끝에
파릇파릇 수줍은 미소
기다림이 너무 오래여서일까
부드러운 바람에 얼굴 비비며
이 세상과 악수하려 한다
저만치서 날아온 노랑나비
푸르른 소녀의 너울 춤
어우러져 이 산하를 지날 때 쯤
봄은 온 산을 감싸고
자작나무도 조용히 기지개를 피리라

# 자작나무 가지 곁에 가득한 안개

새벽안개 가득한데
눈 들어 산등성 보네
아직 잠에서 깨어나지도 않았는데
꿈인가 생시인가
어렴풋이 다가오는 모습
보고 싶은 마음이 모여들었음인가
신기루처럼 사라지는
그래서 더욱 안타까운
그리움은 안개와 같아
산 저 너머에서 보일 듯하다가
이내 사라져버린다
자작나무 가지는 아직 추위에
움츠리고 서 있는데
아득한 안개만이 주위를 서성인다

## 자작나무에 비는 내리고

삼일 동안 계속 장마비 내려
천지가 온통 물바다이다
그토록 비가 내리지 않아
저수지마다 바닥나고
세상이 말라 사라질 듯하더니
이제는 홍수 피해로 아우성이다
그래도 세찬 비바람 맞으며
묵묵히 서서 버티는 자작나무여
살아가는 아픔이 그대 몸에 배어 있고
갈라진 살갗 속으로
온갖 상처 비벼대지만
도도히 흐르는 물결처럼
굳건히 지키는 구나, 너의 자리를
하여 말하지만
자작나무위에
비여 계속 퍼부어라
너처럼 부드러운 것은 없으니까

## 자작나무에 소나기가 퍼붓고

찜통 더위로 숨을 헐떡이게 하더니
이 오후에 소나기가 마구 퍼붓는구나
시원하다 못해 후련하다
이리 저리로 힘겨운 시간들이
너의 날개아래 주룩주룩 떠내려 간다
같이 가자던 아름다운 길들
손잡고 깡충깡충 그렇게 좋아했는데
번갯불이 스쳐지나 듯
파란 하늘이 먹구름으로 암흑 되듯
그렇게 거센 소나기에 모두 쓰러지는구나
자작나무 그늘 아래
옹기종기 모였던 철새들아
추운 겨울 피해 남쪽으로
이제는 비상의 날개를 펼쳐야지

떠남의 시간만이
차가운 빗방울을 조금 부드럽게 하겠지

## 자작나무 가지에 상처가 나고


거센 폭풍 한번으로
수십 년 자란 네 허리가 뚝
파괴의 힘은 크고도 무섭다
한 방울 한 방울 물을 빨아올리고
햇빛에 반가워하고
지나는 바람에 잠자리 마련해주며
고이고이 키워 온 몸
단 한 번의 타격으로
땅 바닥에 주저앉는구나
커다란 상처에서 피가 주르르 흐르고
이토록 처절한 것이
이토록 아픈 것이
자작나무 가지에, 상처가 나는
외롭고 슬픈 밤의 외침일거야

## 자작나무에 노을이 지네

그 영감의 생애에 노을이 지네
이혼의 아픔 딛고 일어서려는데
실직으로 인하여 배고프고 그래서
절망 속에 헤매일 때 몹쓸 마지막 손님
암이 온몸을 짓누르네

아무도 돌볼 이 없고
머리엔 흰 눈 내리고
제 몸 가눌 힘조차 없을 때
'일어나 걸어라' 하신 이

바람 타고 구름 너머 세계로
자작나무 빽빽한 들판에
빨갛게 노을이 물들 때
두 손 높이 들고 울부짖는 소리

모진 세월 잘 버티어 왔으니
부드러운 손길에 이끌리어
자작나무 노을 속에 아장아장

그렇게 자작나무에 노을이 지네

## 자작나무에 붉은 단풍

깊은 가을이야
산허리는 온통 단풍이야
노랗고 빨갛고 갈색으로 칙칙하고
붉은 노을 아래 긴 그림자 밟히고
몰려오는 어둠 속에
모두 파묻힐 거야
그 끝자락에 서성이는
후회와 망설임과 되돌아섬이
아쉬워 못내 안타까와
주루륵 눈물이 흐르는 거야
그래서 밤안개가 되는 거지
뿌옇게 지난 세월이 그 속에서
어른거려
모든 낙엽은 칙칙한 갈색 되어
어둠과 악수를 청하고 있구나

## 자작나무에 낙엽이 지네

눈 감으면 들리는 청춘의 함성
꽃피고 훨훨 나르던 시절
이제는 낙엽 되어 바람 곁에 흩날리고
무성한 잎으로 성장했던 자작나무
하늘이 넓은 줄을 몰랐는데
이제는 앙상한 나뭇가지만 가련하다
너를 위해 새 잎을 틔워내고
비바람 맞으면서도 무성하게 성장했는데
내 그늘 속에 그대 꿋꿋이 살아가라고
햇빛도 번개도 모두 막아주려고
너를 위한 기도로 내 몸이 지치고
이제 모아진 낙엽더미로 겨울의 추위도
감싸주려는데
자작나무 낙엽이 지네
내 마지막 너를 위한 염원임을
그대 스쳐간 자국마다
핏빛으로 물들어
빨갛게 이곳저곳을 나르는구나

## 자작나무에 석양 빛 비추고

저 허허한 벌판에
외로이 서 있는 한 그루 자작나무
마지막 잎 새 흩날리며
떠남을 준비한다
너와 더불어 시작한 삶이
기쁘고 즐거워 너울너울 춤을 추었지
축 늘어진 가지
고통이 둥지를 튼 것 같아 마음 아팠고
이제 겨울바람 휘몰아치면
부들부들 떨면서
인고의 세월을 버티어 가겠지
너와의 인연은 여기서 끝나고
나 또한 훨훨 날아서 먼 여행을 가겠지
그래도
너는 내년 봄
이 벌판에 다시 모습 보이겠지

## 새해 아침에 눈구름

새해 아침에 빛나는 태양 대신
하늘은 금시 눈이 내릴 듯 눈구름
펑펑 내려라, 서설이라 하지 않던가
천지는 지금 고요 속에 묵상에 잠기고
새 생명을 위해 깊은 땅 속에서
오밀조밀 준비를 한다
금년에는 더 깊이, 더 넓게, 더 높게
마음은 푸른 숲속에서 다시 빚어지고
계획한 것은 꼭 이루겠다고
평생에 이런 해는 없다고
기념비 세울 다짐을 하고
붓 끝에서 사상이 태어나고
참으로 일생 일대의 굵은 획을 긋고
감격의 눈물 펑펑 흐르게
자작나무 그늘이 뜨거운 땀방울을 식혀
풍성한 결실 맺도록
그래서 흰 서리 꽃 피우는
겨울 가지 위에서
저 하늘로 아주 높이 날아 갈 수 있도록

## 이제 쉬려하네

정신없이 앞만 보고 달려온 길
갑자기 우뚝 서 뒤 돌아보니
인생이 어두운 그림자를 드리운다
모르면서도 안다고 했고
슬프면서도 즐거운 채 했고
가슴 깊은 상처, 눈물로 삼키고
때로는 너무 큰 절망에 허덕이고
넘어지면 일어서고, 또 일어서고
홀로 외줄 타는 위험과 고독들
이제는 저 어둠 속에 파묻힐 듯
뭉게구름 지상의 모든 것을 둘둘 감아
소낙비로 주룩주룩 내릴 듯
가끔 미소 짓던 들 가의 이름 모를 꽃잎
바람결에 살랑거리며 손짓했지
그래도 조금은 즐거웠던
이 들판의 추억 속에 눈을 감으라고
그래 이제는
모두 잊고 좀 쉬려하네

# 추억

이 찬란한 눈부신 아침
오랜 세월 만에 돌아온 캠퍼스
녹음 짙고 이름 모를 꽃들 손짓하는데

단아한 모습으로 책장 넘기면
아득한 옛날 어른거리네
호숫가에 붉게 물든 노을
고스란히 서쪽으로 잠기고

저 건너편의 희미한 어둠 몰려오면
지금도 전설처럼 아름다운 사연
말할 수 없는 그리움으로
사각사각 다가오고

이제는 돌아오지 않는
추억의 기나긴 강물
모든 것 휘감고
눈물이 주르르
달빛 속에 잠든다

## 밤잠을 이루지 못함은

가슴을 휘젓는 쓰린 상처,
잊는다 하면서 잊지는 못하는
분노, 배신, 그리고 불타는 복수심
자신의 마음을 다스리지 못하는
잠을 이루지 못하는 마음
밤이 깊을수록 영롱해지고
뚜렷해지고, 부르르 심장이 떨린다
여기서 주저앉아 펑펑 눈물 흘린다
며칠이 지나도 열리지 않는
캄캄한 터널 속, 속타는 적개심
검은 밤은 모든 것을 잊으라 하는데
아직도 잊지 못하고 분해하고 있음은
걸어야 할 길이, 넘어야 할 산이
건너야 할 강이, 허허한 벌판이
더 있음이야, 두 팔 벌리고
더 기다려야 함이야

## 가고 오는 것에 대하여

가고 오는 것에 대하여
기뻐하거나 슬퍼할 것이 아닌데
아직도 마음 아파하며
잠 못 이룬다는 것

적막이 깃든 어둠 속
아직 몇 가닥
생명의 불꽃들이
넋 잃고 서성이는 거지

서쪽에서부터 물들어 오는
하루의 끝처럼
심한 가래 끓는 소리
전신을 조여 오는 시간

이리도 가슴 시리게
가고 오는 것에 대하여
미련도 집착도 아닌
훨훨 나르는 구름일 수 있다면

## 사랑흐르네, 바닷가에서

오랫동안 잊혀져, 아주 잊혀져
다시는 돌아올 줄 몰랐네
바닷가 파도 출렁일 때
마주친 포말 사이로, 사랑 흐르네

벅찬 설레임
순간이 영원을 품었네
지평선 너머
잦아드는 흰 뭉게구름 사이로
나는 좋았네, 행복했네

고이 눈 감으면
오색 등불 켜져
바다가 춤을 추고
어둠과 한 몸 되는 것 알겠네
그렇게 사랑 흐르네, 바닷가에서

## 앙상한 자작나무 가지 위로 흰 눈 쌓인다

세상은 온통 춥고 슬픈데
너 하얀 눈이 펑펑 쏟아져
나무 가지의 흔적조차 없고
모두 다 하얀 천국이다

원한이 모두 녹아버려
이제는 하늘가를 맴돌아
하얀 형상이 되는 거지

매서운 바람으로 빙하를 만드는 곳에
슬픔으로 누워있는
커다란 사랑

그 차가움과 쓸쓸함으로
앙상한 자작나무 가지위에
뜨거운 사랑이
하얀 눈으로 쌓이는 거야

## 자작나무 가지에 바람이 불고


내 분신이었던 친구의 무덤 옆
메마른 잔디에 앉아
숲 속을 응시한다
흰 색과 분홍색의 라일락 꽃들
바람에 나부낀다
어제는 세찬 비바람으로
꽃잎에 심한 상처 뚝뚝 떨어졌는데
이 아침엔 미소처럼 살랑거리려고
계절을 제대로 맞이하기조차 힘들고
한 겨울에 개나리 꽃잎을 내밀더니
이 봄에 눈발나려
더욱 아프게 하는구나
라일락 향기 은은히 퍼져
마음이 젖어올 무렵
행렬이루는 조기(弔旗) 물결처럼
자작나무 가지에 바람으로 오는구나
망각의 구름너머
허공에서 손 흔드는구나
아는 것보다
잊는 것이 더 어렵구나

## 세월이 손을 내밀며

앞으로만 달리다
뒤를 돌아보게 되었네
세월이 손을 내밀며
악수를 청하네
갈 길이 얼마 없다고
검은 머리는 서리로 변하고
손등에 주름과 검은 반점들
자꾸만 웅크러드는 어깨
기침소리조차 뒷골목을 찾는 날
하얗게 목련 꽃 잎이 뜨락에 쌓이던
먼 산의 아지랑이 눈앞에 아른거리던
그리움과 외로움으로 너에게 달리던
그 길들이 모두 하늘로 뻗치고
뒤를 돌아보니
아무도 없는 벌판에
세차게 빗줄기가 퍼붓는다

## 선지자여 가서 말하라

모든 웃음 뒤에 배반 있음을
모든 사랑 뒤에 슬픔 있음을
우뚝 선 상아탑 속에 온갖 거짓 있음을
경건한 교회 속에 허망한 말만 무성함을
재주 있는 자들이 그늘에 묻히고
의술 있는 자들은 돈벌이에 취하고
법은 자꾸만 시간을 연장시킨다

고관대작들은 뒷거래에 열 올리고
미인들은 겉치장에 푹 빠지고
TV들은 연신
저속한 것으로 잡초만 키운다

선지자여 가서 말하라
무엇이 사실이며, 무엇이 진실이며
무엇이 사랑이며, 무엇이 무엇인가를

대재앙이 지구를 덥치기 전에
선지자여, 목마른 선지자여
사막을 달리고
바다를 건너서
빨리 아주 빨리, 무서울 정도로

## 그렇게

또렷한 눈망울로
전신을 녹일 듯
애절하게 부르는 눈빛

천 길 낭떠러지처럼
모든 것을 앗아간다

이제는 사념이 영글고
인생이 어느 모퉁이에서
자리 잡을 시점인데
아직도 폭풍은 끝나지 않고
가끔씩 온몸을 파헤친다

눈 감으면 모두 순간인 것을
그렇게 빨갛게 타오르는
무서운 저녁노을
차라리 붉게 붉게
모두 물들여다오

## 자작나무 그늘 아래 눈 감고

현란한 빛들을 잠재우고
눈을 감는다
캄캄한 세계로 간다
모든 것이 정지된 고요의 세계
참다운 축복은 이제 시작된다
번거로운 것들
시시한 것들
내 마음을 괴롭혔던 모든 것들
이제는 어둠속에서 자취를 감추고
저 먼 곳에서 희미하게 다가오는
전설의 나라
동화의 세계
꿈속에서처럼 너울거린다
자작나무 그늘 아래, 나는 눈감고
너는 달려오리라, 신나게 달려오리라
오랫동안 기다린 것만큼 빠르게
그렇게 새로운 세계가 펼쳐질
자작나무 그늘 아래, 나는 눈 감으리라

## 일몰의 시간

하루의 일과 끝내고
고향을 향해 고개를 든다
고단한 일로 어깨 축 늘어지고
다리 힘마저 버티지 못하련만
돌아갈 보금자리 생각에
포근히 맞아줄 미소
그 언저리에다
내 모든 짐을 내려놓으리라

붉은 낙조
청춘의 추억들을 물들이고
이내 몰려오는 어둠에
모든 아쉬움 녹이고
꿈속에서 만나리라

그대가 아직도
내 운명의 핏줄기 속에
냉정하게 흐르고 있음을
어둠 속에서만
아는 체 하는
숨겨진 비밀 같은 밤으로

## 너의 모습

차창밖엔 울울창창한 숲 스쳐가고
언뜻언뜻 스치는 잔잔한 미소
그 차창 너머로 쏟아지는 소낙비
무지개와 어우러져
희미한 네 얼굴 드러내준다

얼굴을 뒤덮는 삼단 같은 머릿결
창백한 얼굴
잔잔한 미소
가련한 좁은 어깨

손대면 닿을 거리인데
어깨를 포개면
뜨거운 가슴 다가올 듯한데

마음만 숲속을 향하고
저 먼 곳에서부터
메아리처럼
너의 마음도 소리 내고 있을까

## 콘도르 새를 꿈꾸듯이

높은 산 험악한 골짜기 지나
끝없는 황야를 선회하다가
제트기처럼 솟아오르는 콘도르여
너의 쫙 펼친 날개는
세계를 포용하고
모든 싸움을 잠재운다
그렇게 가파르게 상승하다가
아주 느리고 평화롭게 하늘에
떠 있는 몸집이며
예리한 부리와 빛나는 눈이여
모든 것을 알면서도 모르는 듯
모든 것을 갖고도 갖지 않은 듯
여유와 멋을 부리는구나
더 높이 더 넓게 날고 날아
마침내 너와 나의 영혼이
만나는 곳에서
날개를 쭉 펼치고
봄 아지랑이 같은
몽롱한 세계에 이르자

## 내 삶이 변하여

가는 길이 부끄러웠다
내 길만 열심히 가고 있었다
강가에서 신음소리 들리고
거리마다엔 쓰러진 자들
산등성이엔 기어가는 자들
눈망울조차 힘없이 껌벅이는
이 비정한 도시를
나는 모르는 체 달리고 있었다

암흑 속에 쓰러져가는 것들
꽃망울조차 터트리지 못하고 시드는
목 잘린 할미꽃들의 수염
흙바람 속에 들리는 흐느낌

언젠가 내 안에 들어와
피와 살을 섞을 피붙이
먼 허공에서 허우적거릴 때
나는 무지개로 이들을 보리라

감당할 수 없는 찬란함 속에서

# 한 겨울에


매서운 추위 속에서도 따뜻한 감촉
몇 번의 만남과 이별
이 겨울을 꿋꿋이 버티게 하는
사람과 사람 사이에
존재하는 그리움

마음과 마음을 헤집고
푸르게 몰려오던
간절곶의 파도
모든 것 떠나보내는 여객선
그 요란한 고동소리에
몇 년의 세월을 함께 묻고

이제는 그윽한 눈길 보내고
혼자 미소 짓는 행복
하늘가에 뭉게구름 되어
그대 있는 곳에서
손짓 하리니
내 힘겨운 일터를 돌아오는
발 길 가벼워라
한겨울에도 향 피워내는
난초가 창가에서 손 내미네

# 6부
# 말씀을 묵상함은

## 말씀을 묵상함은

밤낮 여호와의 말씀을 묵상함이
일상적 생활로 젖어드는 까닭은 무엇인가
운명의 손가락이 어떤 건반을 두드리던
똑같은 음을 내는 사람은
정말로 위대한 혼의 소유자이다
기쁠 때나, 슬플 때나
즐거울 때나, 괴로울 때나
흔들림이 없나니
초막에서나 궁궐 안에서나
내 주 예수 모신 곳이
그 어디나 천국이라 하셨던가
얼마나 더 신앙이 깊어져야
얼마나 더 눈물을 흘려야
얼마나 더 고통의 불가마 속에서 단련되어야
주시는 자도 여호와이니 취하시는 자도 여호와라고
고백하며 죽음을 맞이하는 것처럼
평온한 마음을 소유할 수 있을까
두려워 말라, 믿는대로 되리라고 말씀하시는 여호와
나는 외롭고 괴롭사오니 나에게 긍휼을 주시고
내 근심이 많사오니 이 고난에서 건저주소서
눈물로 씨를 뿌리는 자가
기쁨으로 단을 거둔다고 하셨으니

이제는 모든 한탄과 괴로움을 걷어버리고
광활한 주님의 동산에서 뛰놀게 하여 주소서
온갖 죄악과 수치로
까만 세상에
말씀으로 새 세계 지으셨으니
시냇가의 나무처럼
시절을 좇아 꽃피고 열매 맺게 하소서
피곤한 영혼들을 은혜의 단비로 푹 적셔 주시고
영원한 안식처 주시고
내 평생에 소원이
주님의 평온한 세계에서 쉬게 하소서

# 먼 곳에서

어둠 몰려와
모든 것 침묵 속에 묻히려는 시간
이제는 조용히
영원한 이별의 손짓 가까운데
아직도 서성이는 마음
무슨 미련 때문에
머뭇거리나
흰 연기 가물가물 피어나는
오두막 집
저 멀리서 어둠에 묻히는데
그렇게
모든 것 없어지려는데
이리도 어려운가
헤어진다는 것이

## 한적한 곳에서

여기 한적한 곳에서
두 눈감고 손 모으네
가슴속을 찡하게 흐르는
당신께 바치고 싶은 마음
세상어디에도 어둠과 고통
헤어날 길 없을 때마다
이곳에 몸 바치면
마음이 떠가는 듯
이제도 저제도
저를 받아 주시는
뜨거운 기운
내 온몸에 흐르고
하늘가를 훨훨 나르는
주님께 붙들린바 되고파

여호와여, 한적한 곳에서
주님께 붙들리어
어린아이 되어
천진한 미소 지으며 달려가오리다

## 병상의 아침

병상의 아침은 깊은 기침소리로부터 시작한다
산소 호흡기를 아직도 코에 끼고
헐떡인다
오늘 벌써 23일째 병상에 누워있다

너무 건강했었기에
당혹감과 절망감이 너무 깊었다

그러나 현실로 받아들여야 한다
산소 호흡기를 떼면 2-3분을 버티기가 어렵다

호흡이 있는 자마다 여호와를 찬양하란 말이
가슴을 저미어온다

다른 사람의 병을 보고 그런 것 때문에
그러느냐고 비웃었던 자신감이 일시에 무너지고
자괴감이 엄습한다

원하는 일은 무엇이든지 자신 있게 했었는데
호흡하나로 기진맥진하고 있노라니
한심하고 절망이 너무 크다

이 보잘 것 없는 육체
그러나 모든 삶의 기본인 것을
뼈저리게 느낀다

이 병동에는 암과 같은 불치병 환자들이
생명이 몇 시간 밖에 남지 않았음을 직감하고 있다
나에게는 생명이 몇 년 남았을까 하고
휠체어에 앉아 눈 감고 상상해본다

몸은 아프고 잠을 거의 못자고
할 일들이 태산 같은데
이 병실에 앉았다 누웠다하는 이 기계

새벽이 되면 더욱 또렷해지는 의식
스쳐 지나는 과거와 다가오는 미래가
오우버랩되며 내 존재가 우울과 흥분 사이를
파도 타듯 넘나든다

내 마음대로 할 수 없는 육체
이 욕망기계는 절망하며 울부짖는다
어서 빨리 일어나 걷고 뛰고 싶다고

땀을 흘리며 일하고 한 그릇의 밥을 먹는다는
평범이 이토록 간절할 수 있을까

지금은 여기 누워 괴롭지만
자리를 툭툭 털고 일어나는 날
환호성을 외치며
더 큰 감사와 열정으로 가득 채우리라

오소서 오소서 어서 속히 오소서

## 저녁 어스름

어두움이 몰려온다
벌써 하루의 끝
인생이 마감 하려는가

되돌아보면 순간이었나
지금 막을 내려야 한다면
아쉬움 너무 많아
아니 된다 절규하지만

이루지 못한 꿈
환희의 물결, 고통의 강물
진실의 가치, 행복의 웃음
모두 모여 큰 강 이루는데

저 앞에서

펄럭이는 검은 깃발
어두움을 어루만지며
어서 오라 손짓 하네

내게는 시간이 절실히 필요한데

## 부르시네, 다정하게

정말 가슴 아팠네
소식 끊긴 어둔 밤에
이리도 깜깜한 절망이었나

내 쌓은 내공은 어디로 갔나
까마귀 밥처럼 무섭게
생의 주위엔 온통 죽음의 그림자
그 어둠을 뛰쳐나가야 하는데

지금 이 깊은 수렁 속에
허우적거리는 가녀린 몸부림
비도 바람도 모두 세차게
세상을 비웃는 운명의 조롱

저기 한 부드러운 손길이
다가오지 않으면
모두 끝났을 시간

그래도 여명이 오고 있듯이
희미한 모습으로
나의 앞에서
부르시네, 다정하게

## 가을비 은행잎

가을비에 은행잎이
노랗게 거리에 주저앉는다
한 세월 다 보내고
지척이는 모습으로
이제는 흙과 몸을 섞겠구나
흔적조차 사라지겠구나
내 노래와 꿈이 싱그런 시절
이제 다시 오지는 않겠구나
먼 하늘 가슴에 담고
달리던 이 길 끝에도
빨간 단풍이 시간을 재촉하는데
어이 여기서 머뭇거리며
추억의 물결을 담으려하는가
가을비가 거세지면
모든 은행잎 다 모아다가
여기 큰 언덕을 만들어
노랗게 세상을 물들여
또 하나의 세계를 만들어야겠다

## 미소가 부드럽게

가슴속에 맺힌 서러움과
너무 아픈 상처들
얼굴에 구름을 드리우고
웃음조차 비뚤어져
모든 것이 힘겹던 시절
그래도 네가 자그만 미소로
말없이 건네준 의미
아직도 하늘가엔 흰 구름
호수 저편엔 푸른 나무 몇 그루
그런 것을 머금은 미소
부드럽게 다가오는데
캄캄한 밤에만 억눌려선 안되지
우리 시선을 높은 곳에 두자
삶에는 그래도 미소 있을 날
더러는 있는 것으로 알고

## 산과 구름과 바람

번잡하고 시끄러운 도시 등지고
푸르름 가득한 산으로 간다
녹색 물결 온 몸 감싸고
시원한 바람 불어
구름 나라로 둥둥 떠간다
끝도 없이 아늑한 세계
너와 내가 손잡고
금시라도 은하수에 다다를 듯
아침 이슬되어 새벽 깨우고
반딧불로 어둠 밝히며
신비한 세계 존재함을
그대의 맑은 눈 속에
산과 구름과 바람을 가져오고자

## 내 창가의 자작나무야

자작나무야 하루 종일 아무 말없구나
이리도 가슴이 아프고
삶조차 떠나보내고 싶은데
너는 언제나 나뭇잎을 조금 흔들며
그저 하늘만 이고 있구나
아프다고 하면 위로해주고
기쁘다고 하면 박수도 치고
슬프다고 하면 손이라도 내밀어야지

비오면 축 늘어지고
눈 내리면 다소곳하고
바람 불면 출렁이고

봄에는 웃는 듯하고
여름에는 화려하게 떠나갈 듯하고
가을이면 우울하게 걷는 듯하더니
겨울에는 아예 표정이 없구나
너도 나를 닮아
이제는 이별의 손수건을 마련하는가

## 마음이 물들어 온다

칙칙한 가을 하늘 아래
노란 은행나무 전체가
가슴에 박힌다
이제는 더 나갈 수도 없다고
절망의 끝에서 울음 운다
네가 떠나간 자리마다
노란 옷을 입은
우주가 우뚝 선다
모든 것이 이곳에 있었다고
그리고 매서운 겨울이 오고 있음을
우리가 영원히 만나지 못할 날이
그래 여기서
노랗게 눈물의 바다를 이루자고
훨훨 하늘로 나르는
노란 영혼들의 날개
바람이 잘도 날리고 있다
어느 곳에서 만나자는 기약도 없이

## 여호와여 겨울이 오는데

매서운 추위 앞세우고
흰 눈 펄펄 날리며
여호와여 겨울이 옵니다

차가운 얼음 속에
모든 기쁨과 슬픔
고난과 축복을 꼭꼭 숨기고
여호와여 겨울이 옵니다

파란 하늘조차도
꽁꽁 얼어붙게 하는 겨울
그 영겁의 시간을 지나
봄 안개처럼 모든 것
서서히 풀어헤치고
이 겨울이 있어
뜻있는 새벽이 왔다고
두 손 모으는
먼 미래를 미리가보는
그런 겨울이 오고 있다

## 마지막 보는 겨울 눈 산

이 겨울이 사라지기 너무 아쉬워
아침부터 눈이 내린다
순식간에 온 산이 설화를 피운다
원시의 순결함으로
마음은 마구 달린다
흰 천지는 순수함 속에 잠들고
우리는 신비한 산 계곡에서
시선이 된다
이렇게 모든 것을 하얗게 물들이는
아름다움이 산을 칭칭 감는다
이곳에서 영원히 머무르고
세상은 모두 잊으라고
윙윙 부는 바람 소리에
잠에서 깨어난다

## 나만의 세계

나만의 세계를 갖는다는 것은
얼마나 황홀한가
그런데 나만의 세계에 갇히는 것은
또 얼마나 외롭고 쓸쓸한가
나만의 세계를 갖는다는 것은
온전한 독립이며
동시에 온전한 고립이다
혼자서 존재한다는 것은
가장 위대하고 흠모할 일이지만
또한 가장 커다란 고독과 싸우고
외로움과 동거해야 하는
스스로 해결해가야 하는
인생의 마지막 수업이다

## 저녁때 쯤

하루를 마감하는 저녁
유리창 너머 초겨울 바람이
마지막 남은 잎들을 몰아친다

서러운 시절이 가는 길을 막고
여기쯤에서 결산서를 요구한다

오늘도 몇 시간 남았고
몇 년은 더 남은 것 같은데

회오리 바람으로
안에서부터 빙빙 휘몰아치는 허무

또 하나의 나뭇잎
허공을 멈칫거린다

이내 이 세계에는
아무 것도 남지 않고
캄캄한 밤의
무희들이 현란하게 손짓하겠지

## 여호와는 어둠을 벗어나라 하시는네

왼쪽엔 어둠이
오른쪽엔 빛이 있는데
알 수 없는 무거운 마음으로
어둠 속에서 헤맨다

오른쪽으로 시선한번 돌리면
기쁨의 빛 비치건만
얼마나 더 서성이며
마라의 쓴 물 마셔야
영혼을 밝히는 생수 맛볼까

여호와는 어둠을 벗어나라 하시네

천사는 올라오라는 손짓하며
하늘 높이 나르는데
이 슬픔의 강을 건너고자
이 고통의 들판을 지나고자
나의 몫을 다하고자
오른 쪽으로 방향을 돌리고자
이 시간도 힘겨운 싸움인데

언제 이 세상의 짐

모두 던져버리고
훨훨 하늘 나라
빛의 세계에서 흐뭇한 미소지을까

여호와는 어둠을 벗어나라 하시네

## 그저 추억이라 하시네

이 찬란한 눈부신 아침
오랜 세월만에 돌아온 캠퍼스
녹음 짙고 이름모를 꽃들 손짓하네

호숫가에 붉게 물들 노을
고스란히 서쪽으로 잠기고
저 건너편에 희미한 어둠 몰려오면
지금도 전설처럼 아름다운 시절
여호와는 그저 추억이라 하시네

말할 수 없는 그리움으로
사각사각 다가오고
이제는 돌아오지 않는
추억의 기나긴 강물 모든 것 휘감고
눈물이 주르르 흐르는데

내 어깨 가볍게 두드리시며
여호와는 그저 추억이라 하시네
가슴엔 아직도 온기가 퍼지는데

## 뒤 돌아보게 하심은


두 주먹 불끈 쥐고
앞을 향해 얼마나 정열을 불태웠나
높고 험악한 산도
아득하고 거칠은 들판도
한 숨에 달려왔는데

마음속을 가득 메웠던
명예와 욕망과 애증들
덩어리마다에 전신이 녹아든다

이제는 더 달릴 길도 없는
어둠이 찾아온 돌담길에서 뒤 돌아보라 하시네

서너 명의 애들이 소꿉놀이하는
꿈속의 고향이 펼쳐지고
이제는 모든 사념 날려 보내고
공기놀이나 하자고 손 내미는
죽음의 친절한 미소가 그 곳에서

뒤 돌아 보면 한 줌 흙이었음을
바람이 전해주는 마지막 유언임을
뒤 돌아보라 하시네

## 바람이 불거든

바람이 불거든
하나님 입김인줄 알고
구름 지나거든
하나님의 손길인줄 알고

꽃 피거든
하나님 방문하신 줄 알고
향기 가득 피워
그 분
미소 짓도록

언제나 마음 문 열어두어
모르는 사이에
그 분 지나가시더라도
고개 끄덕이며 흐뭇해하시도록

정결하게 하늘 끝까지

## 그저 지나가겠네

청춘도 가고
그렇게 당당했던 명예도
내 마음대로 행하던 일들도
사실은 사라지고 한 때의 아지랑이 같은 것
그것을 몰라
내 방황하고 괴로워했던 시절
너 마저도 날개 부러져
여기 짓눌려 퍼덕이는구나
화살같이 모든 것이 날아가 버리고
찬 북풍에 몸을 떨고
어디 하나 따뜻한 기운 없구나

이제는 눈 감고
다 보내야 한다
붙잡을 수만 있다면 얼마나 좋을까마는
죽음을 맞이하는 시간이
영혼이 자유로울 수 있는 시간이라니
처음처럼 그렇게
아주 홀가분하게 지나가겠네

## 고통이 몰려오거든

내가 고통 중에 부르짖었더니
여호와께서 응답하시고
나를 광활한 곳에 세우시는도다

이 칼날보다 예리한 고통 속에서
불면의 밤을 뒤척이며
사망의 음침한 골짜기에서
신음하고 있을 때
주께서 찾아와 문 두드리시고

돌이켜 생각해보면
내가 교만하고
이 세상 정욕에 사로잡혀
참다운 주님의 은혜를 모르고
자고했던 세월

나의 모든 것을 포기하오니
이 외롭고도 괴로운 시간에
피난처와 반석이 되어주소서

이 세상에 홀로왔으니
홀몸으로 가라시라는

모든 것을 주신 분이
이제 모든 것을 거두신다니

말할 수 없는 고난의 극치에서
주님은 십자가에 못 박혀 돌아가시고
그 십자가에서 다시 살아나신
역설의 주님
죽음까지 극복하신 주님
이제는 그 권좌에서
나를 향해 손을 드십니다

이 세상 모든 부귀영화,
생명까지 다 맡기오니
원하시는 대로 처리하소서

간절히 간구하옵기는
여호와는 내 편이시라
사람이 어찌 할꼬
초막에 은밀히 숨기시고
바위 높은 곳에 세우소서

홍수가 무섭게 몰려와도

사나운 광풍이 불어도
그 위에 좌정하여 계시고
모든 것을 잠잠케 하시도다

바라고 원하오니
따뜻한 손길로 어루만지시고
은혜의 동산에 앉히시며
치유의 기름으로 부어주셔서
내 잔이 흘러넘치게 하여
여호와만이 영원함을
유일한 피난처임을
깊이 알게하소서

## 저를 아시는 여호와여

가냘픈 영혼
훅 불면 꺼져버릴 듯
지금 전율하고 있습니다.

잠 못 이루어
울며불며 길을 찾아 헤매일 때에
'사랑하는 자에게 고통을 주신다'라고만 말씀하시는 여호와여
이제는 버틸 힘조차 없사오니
차라리 그 사랑을 거두어 가소서

아무것도 모르고
밥 잘 먹고, 잠 잘 자는 사람이
제일 행복해 보임은
진실한 바램입니다

더 많은 사랑 받고 싶지 않으오니
이 고통 뒤의 더 큰 기쁨도 원치 않으오니
지금 이대로 끝나게 해 주소서
모든 것에 눈멀고 귀 먹기를 바라나이다
알지 못하는 행복이
아는 불행보다 더 큰 축복임을 깨닫습니다

캄캄한 절망 저 너머에서만
여호와는 손짓하시고
가시밭길에 찢기고
슬픔의 강에 허우적거리는 영혼만이
여호와의 세계에 이를 수 있음을 말씀하십니다만

쓴 잔의 고통이 바다를 이루고
쇠잔한 영혼마저 찬 서리에 떨고 있사오니
이제는
모든 것을 잠재워 주소서
눈 감고 당신 품에 안기는
영원한 평화를 얻게 하소서
저의 뜻대로 될 수 없고
오직 여호와의 뜻대로 하시는 것을 아오니
그 깊은 보금자리에 눕게 하시고
마음 깊은 곳에서부터 감사만 하게 하소서
저를 아시는 여호와여

## 손녀딸 혜안아


찬란히 떠오르는 아침 햇살보다
더 아리따운 혜안이 얼굴
영롱한 아침이슬보다 더 투명한 혜안이 눈

너의 미소는 천년의 기쁨이다
네가 이 세상에 태어나
온갖 시름과 고통 눈 녹듯 사라지고
아름다움과 환희로 세계는 빛난다

엄마 품에서 응얼응얼 거리더니
어느 사이 아장아장 걷는 혜안이
벌써 첫돌을 맞이하니
모든 친지들, 아는 이들 한자리에 모여
손뼉치고 노래하며 너를 축하한다

참으로 귀엽고 이쁘고 똑똑한 혜안이
몸이 무럭무럭 자라고, 그에 따라
지혜도 쑥쑥 늘어나거라

음악 나오면 얼쑤 얼쑤 몸 흔들고
책장 넘기는 고사리 손
무엇이든지 움켜잡는 힘, 아주 세구나

그래서 그만큼 든든하구나

곤히 잠들어 소곤소곤 숨쉬면
천사의 미소 입가에 흐르고
눈가에 어리는 총명함

너는 하나님이 주신 최고의 선물

한국을 뛰어 넘어 세계를 무대삼아
너의 꿈을 마음껏 펼쳐라

우리 모두 너를 위해 간절히 기도하나니
너의 앞길에 건강과 지혜와 영광 가득하여라
하나님의 거룩한 인도하심 따라 위대한 인물로
아름답고 고귀하게 활짝 피거라

— 2010년 12월 4일
사집(砂集) 홍기영(외할아버지) 지음 —

# 암흑의 밤을 지나는 한 지성인의 고독한 영혼

현영민 교수(충남대학교 영어영문학과)

나는 지난번 시평에서 다음 시집에서는 보다 성숙한 우리 시인 홍기영 교수의 모습을 발견하게 될 것이라고 독자들에게 말했던 적이 있는데, 이 시집은 과연 그런 나의 기대를 실망시키지 않았다. 시의 언어나 필치도 완숙에 가까워졌을 뿐만 아니라 혜성 같은 지성과 불꽃같은 신앙심이 이 시집을 빛나게 하고 있기 때문이다. 대학 시절 타의 추종을 불허하는 수재였던 우리 시인은 셰익스피어를 남달리 좋아하더니 셰익스피어를 연구하는 뛰어난 학자가 되었고, 셰익스피어에 대한 중량감 있는 저술을 선보이더니 마침내 셰익스피어의 시심(詩心)까지도 훔치는 경지에까지 이르렀다. 우리의 기대를 저버리지 않은 우리의 시인에게 경의를 표하지 않을 수 없다.

내가 엘리엇(T. S. Eliot)과 창세기 1-3장에 대한 저술을 마무리하기 위해 미국으로 떠날 준비를 하던 중 우리 시인의 입원 소식을 접하고 얼마나 놀랐는지 모른다. 얼마 전 내 제자의 박사학위 논문 심사를 해주었던 친구가 입원이라니, 도무지 믿기지 않았다. 그때만 해도 병원과 인연이 있을 것이라고는 전혀 생각하지 못할 만큼 건강해보였기 때문이다. 소식을 접하고 입원실로 그를 찾아갔다. 산소 호흡기를 코에 끼고 있어서 호흡하기도 힘들어 하는 그와 얼마간 이야기를 나누던 중 시집을 하나 마무리 하고 있다는 말을 들었다. 저 건강으로 시집을 언제 마무리 할 수 있을까 하는 염려를 간직한 채 미국으로 떠났다. 미국에 도착했어도 친구의 모습을 생각하면 가슴이 저려 왔다. 도착했다는 전갈을 보내고도 싶었지만 돌아올 소식이 두려워 소식을 전하지 않았다. 가슴 조리며 있던 중 우리 시인으로부터 한 통의 이메일이 날아들었다. 안도의 숨을 가다듬으며 이메일을 열었다. 최악의 순간은 지나갔구나 하는 생각이 들었기 때문이다. 이 이메일에는 시집에 대한 소식은 없었다. 시집은 완성하지 못했는가보다 생각하고 있었는데, 귀국하여 두어 달 만에 시집이 완성되었다는 반가운 소식을 들었다. 『자작나무 그늘 아래, 나는 알았네』가 마음 조리며 기다리던 바로 그 시집이다.

  이렇게 나에게 모습을 드러냈기 때문에 우리 시인의 네 번째 시집인 『자작나무 그늘 아래, 나는 알았네』는 나에게도 자못 의미가 있는 시집이다. 첫 몇 장을 넘기며 지금까지 출판된 시집과 성격이 다를 뿐만 아니라 보다 원숙해진 시인의 모습을 발견하게 되어 무척 기뻤다. 죽음과 생의 길을 오가는 암흑의 밤을 지나 새로운 영혼으로 탄생하는 시인의 모습이 아로새겨져 있었기 때문이다. 「새벽의 마음」은 새로 태어난 우리 시인의 영혼이 비상하는 모습을 보여 주고 있다.

    새로운 영혼은
    치솟아 오르는 붉은 태양에
    두 손을 크게 뻗으며
    미래를 향해 날개를 펼친다

죽음의 문턱에 서 있었던 우리 시인의 의식은 참으로 처절하다.

    외로움은 왜 이리
    가슴을 파고 들며
    쓰라림은 왜 이리
    깊어만 가는가
    . . . . . . . . . . . .

    스스로를 달래
    홀로 설
    평온의 단비를
    내리게 하기까지는
    아직
    긴 세월을
    기다려야 하는가 보다

우리 시인의 가슴 저미는 외로움에서 죽음을 앞에 둔 예수님의 처절한 외로움을 연상하게 된다. 질병과 죽음은 어느 누구도 대신할 수 없는 것으로서 홀로 감내할 수밖에 없는 것이다. "나 혼자만이라는 사실은 / 너무 무섭다"는 우리 시인의 고백은 우리의 마음을 참으로 아리게 한다. 죽음의 문턱에 서 본 사람이 아니고서야 어찌 그 외로움을 알 수 있겠는가? 죽음을 앞에 두고 가장 사랑하는 제자들에게 자기를 위해 기도해달라고 부탁하시고 땀방울이 핏방울이 되도록 기도하신 후 돌아와 제자들이 잠들어 있는 것을 보시고 느끼셨을 예수님의 외로움이 어떤 것이었을지 우리는 짐작하기 어렵다. 홀로 감내해야 하는 "고통의 칼날"을 경험한 우리 시인은 어쩌면 예수님의 외로움을 이해할 수 있었는지도 모른다.

   지금은 캄캄한 밤
   암흑보다 더 깊은
   고통의 칼날이
   너무 예리하다

   영겁위에 우뚝 서있는
   고독한 영혼
   그 내면엔
   상처의 아픔이
   바다를 이룬다

   막막한 사막에 거센 바람 불어 닥치고
   사방에서 조여드는 어둠의 공포
   딱 멈추어선 의식

생사의 갈림길에서 처절한 외로움을 경험하고 새로 태어난 우리 시인에게는 순간이 영원이고 영원이 순간이다. 이제부터의 그의 삶은 순간과 영원이 만나는 지점에 있다.

   아침 햇빛에 영롱한 이슬
   바람 한결 스쳐지나니
   흔적도 없이 영원 속에 사라진다

   . . . . . . . . . . . . . . . .

   순간은 영원 속에
   영원은 순간 속에
   녹아드는 경계가 없는 지점

그러나 우리 시인은 그런 경험에 좌절하지 않고 오히려 생의 본질을 꿰뚫어 볼 수 있는 초월적 비전을 가진 숭고한 시인으로 태어났다. 그에게 만물은 각각이 아니라 하나이다.

   누가 누구를 위한
   특별한 일 없이도
   우리는 그저 얽혀져 있다

이제 우리 시인은 난초꽃의 존재의 의미를 알게 되고 자신을 난초꽃과 동일시하게 된다. 난을 키우면서도 난의 목마름과 추위를 제대로 인식 못했던 자신을 돌아보면서 난의 외로움과 고난 속에서 자신의 외로움과 고난을 발견한다. 그래서 우리 시인은 절망적인 외로움을 경험하고서도 그런 "흔적"을 남기지 않고 은은하게 향기를 발하는 난초꽃처럼 향기를 발하는 삶을 살기로 다짐한다.

   난(蘭)에 꽃이 피니
   할 말이 없구나
   네 마음을 내가 몰라
   물도 제대로 못주고

적당한 햇볕 한 번 제대로 쬐주지 못했는데

어느 날
너무 고상하게 꽃망울 터뜨렸다
그 은은함과 수줍음
방안을 고요히 감싸는
말로는 표현할 길이 없는 향기

저 혼자서 피는 꽃
외롭고 고상하구나
세파에 시달린 흔적이라곤 하나도 없는
약하고 작은 꽃

거칠고 넓은 세상에
너는 내 마음의 보석이구나
내 마음의 표상이구나

외로움과 추위 속에서
뿌리가 강해져야 피는 꽃
그래서 난 같은 인생은
인생의 난으로 향기를 발하리라

우리 시인이 초월적 정신세계로 접어든 것은 그 자신은 물론 독자들에게도 다행한 일이다. 우리 시인은 이제 삶이 죽음의 품에 안겨 있고 죽음이 삶의 어머니라는 것을 인식하기에 이르렀다. 저녁이 물러가고 새로운 삶이 시작되는 "이른 아침의 부둣가"에서 "생명이 끝나는 길"에 들어서는 바다고기의 운명에서 우리 시인은 자신의 운명을 본다. 바다고기는 바로 시인 자신이기 때문이다.

> 어둠이 새벽안개 속에 조금씩 물러선다
> 먼데서 뱃고동 소리
> 갈매기 날갯짓 소리
> 이 부두에 아침이 몰려온다
> ..................
>
> 살아서 팔딱거리는 힘 좋은 바다고기들
> 꿈틀거리는 삶이 주사를 맞는 듯
> 이곳에서 박스 속에 일렬로 정열하면
> 경매 호루라기 소리에
> 갈 곳이 정해진다
>
> 정처 없이 떠도는 길에
> 이제는 가야할 곳이 생겼는데
> 그것이 생명이 끝나는 길이라니

바다고기의 운명처럼 우리 시인에게는 삶이 시작되는 아침은 곧 죽음이 시작되는 시간이다. 아침이 저녁을 품고 있듯이 삶이 죽음을 품고 있기 때문이다. 삶과 죽음은 쌍둥이다.

우리의 시인은 또한 "인생의 고개 마루에서" 바라다 본 자신의 고향의 변화된 모습에서 자신의 변화된 삶의 모습을 발견한다. 그는 어릴 적 학교를 오가며 만나던 오염되지 않은 풍경, "꽃피던 시골 산야가 새로운 도시로 크게 누워" 생명을 잃어버린 상태로 변해버린 모습에서 어린 시절 간직했던 위대한 인생의 꿈이 시들어 "허수아비처럼" 되어 버린 현재의 자신의 모습을 본다.

   지금 인생의 고개 마루에서
   고향의 아득한 저녁연기 피어오르는 것을 본다
   코스모스 휘날리던 꼬불길은 아스팔트길로 변하고
   할미꽃 피어 있던 외갓집 높은 분들의 무덤들은
   공단으로 변해 높은 굴뚝만 보이고
   꽃피던 시골 산야가 새로운 도시로 크게 누워 있는데

   허수아비처럼 사람들은 시들하다
   정리해야 할 역사들은 서랍에 먼지로 남아있고
   자꾸만 몹쓸 곳으로 끌려가는 허수아비로
   우리도 서 있는가
   참다운 의식을 코트 속에 구겨 넣고
   정다운 감정은 콩크리트로 굳어지고
   우리의 아름답던 노래 소리는 분노로 굳어 있고
   텅 빈 가을 들판의 싸늘한 바람처럼

인생무상을 깨닫는 순간은 바로 깨달음의 순간이다.

   이제 나
   너무 많이 달려와
   뒤를 돌아보면

   허겁지겁 달려만 왔던 길

너무 많은 것들이 몰려와
사면이 캄캄하구나

꿈도 많고 포부도 컸었는데
이제는 모두 신기루 같기만 해

새로 태어난 우리 시인의 영혼은 만물이 변한다는 진리를
터득하게 된다.

계절마다 색깔 변하고
하루에도 몇 번씩
하늘의 구름 변하듯
숲을 뒤 흔드는 바람의 몸짓

아무 것도 조금 전과 같은 것이
없음에
숲을 보는 위치와 시각에 따라
모든 것이 변함에

내 존재가 바람처럼
움직임에
오늘 일상으로 이 모든 것을
받아들일 수밖에 없음에

나의 일상은 사유 속에 존재한다

우리 시인에게 모든 변화는 본향으로 돌아가는 몸짓일 뿐

이다. 그래서 그는 더 이상 변화를 아쉬워하거나 마음 아 파하지 않는다.

　사라지는 것들
　없어지는 것들
　모두 다 제 고향으로 가는 것

　아직도 마음에 애잔한 것이 있는가
　아직도 아쉬움이 서성이는가
　저 하늘과 구름을 보라
　제 자리에 존재하는 것은
　아무 것도 없다

　그러니 더 이상 아파하지 마라
　그리고 조용히
　마음속에 큰 하늘을 품으라

우리 시인은 변화가 불변과 동일한 것이라는 진리를 자작나무의 운명에서 발견한다.

　자작나무 그늘 아래, 나는 알았네
　존재와 무 존재가 나란히 있다는 것
　가는 것과 오는 것이 같다는 것
　아는 것과 모르는 것이 하나라는 것
　너와 내가 헤어져야 한다는 것
　이 세상 모든 것들이
　순간적 환영이 된다는 것

우리 시인의 시적 비전은 미국 19세기 초월주의 시인 휫먼(Whitman)의 그것과 유사하다. 세상의 모든 것이 하나님의 자취임을 깨닫게 되었기 때문이다.

바람이 불거든
하나님 입김인줄 알고
구름 지나거든
하나님의 손길인줄 알고

꽃 피거든
하나님 방문하신 줄 알고
향기 가득 피워
그 분
미소 짓도록

언제나 마음 문 열어두어
모르는 사이에
그 분 지나가시더라도
고개 끄덕이며 흐뭇해하시도록

정결하게 하늘 끝까지

이제 우리 시인은 모든 것을 하나님의 손에 맡기는 신앙인으로 돌아간다. "내가 가장 사랑하는 것," "내가 가장 소중히 여기는 것," "내가 가장 귀하게 간직하는 것"—이 모든 것들이 자신을 속박하는 "올무"임을 깨달았기 때문이다. 하나님께 모든 것을 맡기는 참다운 신앙인으로 태어난 것이다.

　　나의 모든 것을 포기하오니
　　이 외롭고도 괴로운 시간에
　　피난처와 반석이 되어주소서
　　. . . . . . . . . . . . . .

　　말할 수 없는 고난의 극치에서
　　주님은 십자가에 못 박혀 돌아가시고
　　그 십자가에서 다시 살아나신
　　역설의 주님
　　죽음까지 극복하신 주님
　　이제는 그 권좌에서
　　나를 향해 손을 드십니다

　　이 세상 모든 부귀영화,
　　생명까지 다 맡기오니
　　원하시는 대로 처리하소서
　　. . . . . . . . . . . . . .

　　바라고 원하오니
　　따뜻한 손길로 어루만지시고
　　은혜의 동산에 앉히시며
　　치유의 기름으로 부어주셔서
　　내 잔이 흘러넘치게 하여
　　여호와만이 영원함을
　　유일한 피난처임을
　　깊이 알게 하소서

엘리엇에 따르면, 프랑스가 낳은 천재 철학자인 파스칼(Pascal)에게 영혼의 "가뭄"이나 "암흑의 밤"은 "영혼을 정화하는 암흑"이었다. 이 시집을 손에 든 독자라면 파스칼이 경험했던 가뭄과 암흑의 밤을 맞아 몸부림치는 시인의 모습을 발견하게 될 것이다. 또한 십자가의 성 요한(St. John of the Cross)의 "영혼의 암흑의 밤"을 우리의 시인에게서 만나게 될 것이다. 이 시집은 파스칼의 지성과 십자가의 성 요한의 신앙을 겸비한 우리 시인의 모습을 잘 보여주고 있다.

깊은 밤
영혼은 잠 못 이루고
. . . . . . . . . . . . .

누웠다 일어나고 일어났다 눕는
영혼의 몸부림
내일을 위한 처절한 신음인가

밤이 깊을수록
더욱 짙어만 가는
영혼들의 외출

모든 것은 어둠에서 비롯된다. 어둠이 모든 것의 근원이기 때문이다. 우주의 탄생이 어둠을 어머니로 했듯이, 영혼의 탄생도 어두운 밤을 어머니로 한다.

축축하고 캄캄한 곳에서

생명은 잉태되고
새 싹은 자란다

햇빛이 부시거나
마른 땅에서는
이 순한 싹은 시들고야 말아

나의 영혼
온갖 멸시와
저주를 받으며
습하고 어두운 곳에서 외로웠지만
아무도 모르는 가운데
뿌리는 내리고
하늘을 향한 높은 마음
가다듬고 가다듬었지

새 세계를 위하여
소용돌이치는 가슴
적시고 또 적셨지
놀라운 영혼
다시 깨어나기는
축축하고 캄캄한 곳에서 이니까

암흑의 밤을 지나며 고독하게 몸부림쳤던 우리 시인의 영혼이 승화된 모습으로 다시 태어났으니 얼마나 다행인가? 그렇지 않았더라면 이 시집은 우리 곁에 있을 수 없었을 테니까.

암흑의 밤을 지나 체념의 신앙에 이른 우리의 시인은 세찬 풍파를 견디어내고 마지막에는 인간에게 온기와 향기를 선물하고 사라지는 자작나무가 되고자 한다. "자작나무 그늘 아래서는 / 모든 것이 순간이며 / 영원임을 깨닫게 한다." 자작나무처럼 우리의 시인도 우리의 삶을 따뜻하게 해줄 향기로운 시를 선물로 남기고 생을 마감하게 될 것이다.

## 자작나무 그늘과 생의 울림

김완하(시인. 한남대 문창과 교수)

### 1

홍기영 교수의 네 번째 시집『자작나무 그늘 아래, 나는 알았네』를 읽는다. 필자는 진즉 그의 시집 세 권을 읽은 바 있으니 그의 시에 대한 나름의 독자이기도 한 것. 그리움과 생에 대한 연민의식 그리고 이국의 체험과 기독교의식을 주로 그려온 그간의 시를 떠올리면서 이번 시집을 읽을 때, 그의 시는 한층 원숙한 시의식을 형상화하고 있다.

비교적 방대한 분량의 시집은 6부로 구성이 되어 있다. 1부 '아침을 열면'과 2부 '일상을 바라보며'에서는 그리움과 생의 연민의식이 짙게 배어 있다. 이어서 3부 '여행길 같이'에서는 이국의 여행체험을 바탕으로 생을 비유적으로 노래하고 있다. 그리고 4부 '자작나무 그늘 아래, 나는 알았네'와 5부 '자작나무를 생각함은'에서는 홍교수가 유독이 자작나무에 관심을 기울이고 있어 인상적으로 다가온다. 본론에서 살피게 되겠지만 홍기영은 자작나무를 통해서 생의 깊은 통찰을 표출해내고 있는 것이다. 또한 마지막 6부 '말씀을 묵상함은'에서 종교적인 의미를 추구하고 있다.

이번 시집에서도 그간에 그가 보여준 정서적 파장에 연

관을 두고 있는 것이 사실이다. 그러나 이전의 시세계에 비해 그의 시는 한층 높은 인식의 단계를 보여주는 점이 이번 시집에서 읽어내야 할 핵심이다. 또한 그의 시는 여백의 미학이 돋보이며, 감성적 울림의 통로를 따라서 직관을 통해 다가서야 할 세계인 것이다.

## 2

  홍기영의 이번 4시집은 이전의 시들보다 좀더 사유적이고, 존재론적이며 생의 이면들을 날카롭게 짚어내고 있다. 그러므로 이번의 4시집을 읽는 방법은 시집의 전체적인 차원에서 그 분위기와 내면의식을 파악하는 일이 중요하다고 할 수 있다. 우선 그의 시 몇 편을 읽어보기로 한다.

  아침 햇빛에 영롱한 이슬
  바람 한결 스쳐지나니
  흔적도 없이 영원 속에 사라진다

  찰나와 영겁이 한 지점에서
  무(無)로 돌아가는 시간

  너의 존재는
  나의 모든 사유(思惟)를 뒤덮고

  서쪽 하늘의 구름으로 떠 있다가
  물들어가는 바다 속에
  빨간 환상으로 피어오른다
           -「순간과 영원」부분

무엇보다도 홍기영의 제4시집에서 발견할 수 있는 사실은 시간에 대한 인식이 두드러진다는 점이다. 이 시는 아침 햇빛에 이슬이 사라져가는 것을 통해서 우리 생의 순간과 영원이 소통한다는 사실을 깨닫고 있다. 찰나는 곧 사라짐으로써 영원 속에 스며드는 것이다. 그러므로 찰나와 영원도 한 지점에서 무(無)로 통하는 것이다. 홍기영은 "순간은 영원 속에 / 영원은 순간 속에 / 녹아드는 경계가 없는 지점"임을 통찰하고 있다. 그러고 보면 이번 시집에서 홍기영은 생의 후반에 대한 성찰에 관심을 집중시키고 있다. 그의 4시집은 무엇보다도 생의 시간에 대한 통찰이 두드러지는 것이다.

   강물이 거칠어야
   훌륭한 뱃사공을 안다
   고요한 강물일 때야
   누구도 노를 잘 젓지

   인생은 어디 한 곳 편하지 않고
   캄캄한 밤
   흙바람이 거세고
   망망한 바다만 있지

   갖가지 고통과 아픔들
   산처럼 쌓여
   너무 힘들 때
   훌륭한 뱃사공을 아는 거야
           -「훌륭한 뱃사공」부분

니체는 인생을 항해와 비유하면서 그 바다에 폭풍우가 밀려올 때 가슴이 뛴다고 하였다. 풍파가 없다면 바다를 건너는 의미가 없을 것이다. 시련이 없다면 생을 살아가는 의미도 반으로 줄어들지 모른다. 캄캄한 밤의 망망한 바다를 항해하는 인생에서만 훌륭한 뱃사공이 필요한 것이다. 그리하여 "거친 강물 헤치고 / 저 언덕 가에 다다라 / 먼 산 보며 / 강 깊이를 마음으로 / 셈할 수 있어야 / 훌륭한 뱃사공인거"라는 사실을 감지하는 것이다, 이 시에서의 "강 깊이"란 바로 우리 인생의 깊이인 것이다. 그만큼 홍기영은 생의 체험을 토대로 하여 비극적인 생의 파도 앞에 서있는 비장미의 주인공이 된 것이다.

  그의 시「지금은」을 살펴보면 시간의 의미가 잘 반영되어 있다. 이제 그는 많은 시간을 달려와 뒤를 돌아본다. 그리고 허겁지겁 달려만 왔던 길을 통해서 너무 많은 것들이 몰려와 자신의 사면을 캄캄하게 하고 있다. 그동안 꿈도 많고 포부도 컸었지만 이제는 모두 신기루 같기만 해 보인다. 그만큼 시인의 의지도 약해진 것이다. 그래도 늘 아침의 신선함으로 열심히 달려왔는데 그 앞 자리에는 문득 노란 은행잎만 뒹굴고 있다. 그리고 펼쳐보는 옛날 노트 갈피 속에는 숨 쉬고 있는 청춘의 흔적이 엿보인다. 그러기에 스스로 입가에 고소를 띠운다.

  이제 홍기영은 호숫가에 작은 집을 짓고 호숫가를 거닐면서 평안한 마음으로 밤하늘의 별을 쳐다보며 동화 속의 일처럼 다시 꿈을 그려볼 날을 그리워한다. 그러나 그러한 날들은 다시 찾을 수 없다. 그만큼 시인의 과거는 되돌릴 수 없는 시간 저편으로 사라져 갔기 때문이다. 홍기영의 시세계는 과거에 대한 그리움에 바탕을 두고 있다.

이는 어쩌면 잃어버린 낙원에 대한 회복을 염원하는 인간의 원형적 사유와 맞닿는지도 모른다.

이렇듯이 홍기영은 그의 시편들에서 생의 순간에 대한 다양한 느낌들을 펼쳐 보여주고 있다. 그리고 그러한 것들을 시집의 4부와 5부, 그리고 6부에서도 깊이 펼쳐내고 있는 것이다.

### 3

홍기영은 4부와 5부에서 자작나무를 집중적으로 형상화하면서 이번 시집에 상징의 숲을 펼치며 자작나무에 몰입하고 있다. 필자는 앨라스카를 여행하면서 끝도 없이 펼쳐지고 있는 자작나무 숲을 바라본 적이 있다. 흰 나무 살결은 마치 귀부인들의 목덜미를 연상케 하고 푸른 이파리들은 평화롭기 그지없는 풍경을 연출해주고 있었다. 그리고 가을이 되면 숲 전체는 노오랗게 물이 들고 나무들이 그 잎을 버린 뒤 차가운 겨울 속을 자작나무는 알몸의 침묵으로 버티어내는 것이다. 그만큼 자작나무는 유연함과 평화로움을 간직하고 있으면서 동시에 혹독한 겨울을 버티어내는 내성이 아주 강한 나무다. 그러므로 자작나무는 유연함과 강건함을 동시에 지니고 있는 것이다.

그러한 자작나무의 상징성으로 홍기영은 생의 후반에 스스로 깨달은 생의 통찰을 보여주는 것이다. 그는 지상에 뿌리내린 존재가 일깨우는 생의 이면을 보여줌으로써 현실과 이상의 조화를 꿈꾸고 있다. 그리고 그것을 "자작나무 그늘 아래, 나는 알았네"라고 반복하여 강조하는 것이다.

지상의 행복 끝에
더 이상 매달리지 말자고
님의 비석 앞에 서서
흐르는 눈물 멈출 수 없어
몇 송이 꽃들이 그대에게 바쳐짐은
이곳에 몇 사람 그리움의 표시겠지
되돌아 걸어가는 발 길 끝에
아쉬움이 맴도는 것은
그래도 살고픈 인생이었다는 넋두리
하늘만이 우리의 눈을 들어
영원한 휴식을 구할 수 있는 곳
자작나무 그늘 아래, 나는 알았네
죽음이 삶에게 악수를 청할 때
발끝에서의 아쉬움과
눈 들어 보는 곳의 미소
공존의 의미 깨달아야 한다는 것을
　　　　　-「자작나무 그늘 아래, 나는 알았네(9)」 전문

 홍기영의 깨달음은 먼저 지상적 가치에 대한 점검으로부터 출발하고 있다. 자작나무가 감싸주고 있는 평온함 안에서 그는 지상의 행복에 연연하지 않고 '하늘'의 세계에 관심을 가지고 있다. 그는 이 시에서 우리가 생의 가치를 어디에 두고 살아야 하는지를 보여준다. 홍기영 시인은 지상의 행복에 더 이상 매달리지 말자는 다짐을 펼쳐놓고 있다. 그는 "하늘만이 우리의 눈을 들어 / 영원한 휴식을 구할 수 있는 곳"이라는 깨달음을 제시한다. 그곳은 "죽음이 삶에게 악수를 청"하는 곳이며 "공존의 의미

(를) 깨달"은 곳이다. 그러므로 "자작나무 그늘 아래"는 지상적 가치를 초월하는 곳이다. 하늘로부터 땅으로 하강하는 그늘 아래서 역설적으로는 상승하는 생의 의지가 싹트는 곳이기도 하다.

> 가을 낙엽을 쓸고 있는
> 허리 굽은 노인 골목길을 따라
> 청춘이 떨어지는 소리
> 인생이 멀어져가는 말발굽의 먼지
> 자작나무 그늘 아래, 나는 알았네
> 하얀 눈이 먼 산에서부터
> 모든 마을을 덮고
> 의식까지 하얗게 누워 있어
> 이제는 잊는 일만 남았다는 것
>
> 자작나무 그늘 아래, 나는 알았네
>
> 존재와 무 존재가 나란히 있다는 것
> 가는 것과 오는 것이 같다는 것
> 아는 것과 모르는 것이 하나라는 것
> 너와 내가 헤어져야 한다는 것
> 그런 것들이 모두 다
> 순간적 환영이 된다는 것
> 　　　　-「자작나무 그늘 아래, 나는 알았네(21)」 전문

이 시에는 "가을 낙엽"과 "허리 굽은 노인" 그리고 "자작나무 그늘"이 서로 동화되고 있다. 이는 시간적으로나

공간적으로 동질성을 나타내는 것이다. 그것은 하향하는 자세와 소멸의 의미가 공존하는 것이다. 요컨대 "존재와 무 존재가 나란히 있다는 것 / 아는 것과 모르는 것이 하나라는 것"을 알게 되는 지점이다. 또한 이 세상 모든 것들이 "눈앞에서 순간적 환영이 된다는 것"을 깨닫게 되는 곳이기도 하다. 이러한 점들도 지상에 깊이 뿌리내린 자작나무가 초월적 의지를 일깨워주는 생의 의미인 터이다.

### 4

6부에 수록되어 있는 다음의 시를 읽어본다. 6부에 있는 대부분 시들이 다양한 소재를 다루고 있는데도 이 작품은 자작나무를 대상으로 하고 있는 점이 이채롭다. 6부에서 자작나무가 제목으로 나타나는 시는 이 한편뿐이다. 그만큼 이 시에는 자작나무의 상징적인 의미가 깃들어 있는 것이다.

자작나무야 하루 종일 아무 말없구나
이리도 가슴이 아프고
삶조차 떠나보내고 싶은데
너는 언제나 나뭇잎을 조금 흔들며
그저 하늘만 이고 있구나
아프다고 하면 위로해주고
기쁘다고 하면 박수도 치고
슬프다고 하면 손이라도 내밀어야지

비오면 축 늘어지고
눈 내리면 다소곳하고

바람 불면 출렁이고
봄에는 웃는 듯하고
여름에는 화려하게 떠나갈 듯하고
가을이면 우울하게 걷는 듯하더니
겨울에는 아예 표정이 없구나
너도 나를 닮아
이제는 이별의 손수건을 마련하는가
　　　　　－「내 창가의 자작나무야」 전문

　자작나무는 이제 시인의 창가에 가까이 다가와 있다. 그것은 삶의 시련과 고통의 한 가운데 서있으면서도 언제나 나뭇잎을 조금씩 흔들면서 여유롭게 하늘만 담담하게 이고 있을 뿐이다. 이 시에 이르면 자작나무 시편들의 의미는 종합적으로 결집되어 드러난다. 홍기영은 시의 마지막에 "너도 나를 닮아 / 이제는 이별의 손수건을 마련하는가"라고 맺고 있다. 시인과 자작나무는 생의 후반이라는 의미에서 완전히 하나로 동화되어 나타나는 것이다.
　홍기영교수도 이제 이순을 넘어선 줄 알고 있다. 4시집의 마지막 작품을 「손녀 딸 혜안아」로 장식하고 있는 의미도 이상의 의미와 닿을 듯하다. 4시집에는 생의 후반이라는 의식세계가 그의 시에도 자리하는 것이다. 그 안에서 원숙한 생의 깨달음이 펼쳐질 수 있는 점이다. 이점에서 그의 시는 생에 대한 인식 차원에서 깊어져 있는 것이다. 또한 그의 문학적 깊이와 여행의 체험에서 형성된 사유의 보폭이 종교적 초월의지와 만나면서 성큼성큼 우리 생의 한 복판을 가로질러 앞서서 걸어 나가고 있는 것이다.

# 죽음이 삶에게 악수를 청할 때 듣는 하나님의 음성

송기호 교수(한남대학교 영어영문학부)

**1**

지난겨울 홍기영 시인은 몹시 아팠다. 하루 이틀 앓은 것이 아니라 한 달 정도 입원해 치료를 받아야 할 만큼 크게 앓았다.

평소 건강하고 목소리에도 늘 활기가 넘쳤던 탓에 주위에서 크게 걱정을 했다. 건강하다고 믿었던 시인 자신에게는 얼마나 큰 충격이었으랴. 환자복을 입고 코에 산소호흡기를 꽂고 병실에 홀로 누워있어야 했던 시인의 마음은 병실 밖의 텅 빈 겨울 거리처럼 쓸쓸하고 황량했으리라. 늦도록 잠을 이루지 못하며 "죽음이 삶에게 악수를 청하는" 것을 경험하기도 했던 그 시간에 시인은 지나온 삶을 돌아보고 삶과 죽음에 대하여 생각했던 것 같다. "내 마음대로 할 수 없는 육체"인 병든 시인의 몸인 "욕망기계"는 얼마나 "절망하며 울부짖으며"(<병상의 아침> 중)시인의 영혼을 괴롭혔겠는가. 시인이 네 번째 펴내는 이번 시집에는 그러한 절박한 순간에 대한 경험이 큰 흐름을 형성하고 있다. 물론 이번 시집에 실린 모든 시들이 그러한 경험에 바탕을 둔 것은 아니다. 북부 유럽과 호주, 그리고 캐나다를 돌아본 경험을 쓴 시들은 시인이 한창 삶의 희망에 차서 돌아다니던 시절의 추억에 관한 것들이

다. 그렇지만 그러한 시편들조차 죽음이 삶에게 악수를 청하는 경험을 강조하기 위해 배치된 것으로 보일 정도로 죽음이 악수를 청하는 경험은 이 시집에서 강렬한 인상을 준다.

시인은 아마도 병실에 홀로 누워 "외로운 창가에 / 오늘과 과거, 내일과 오늘 / 한 줄로 정렬하는 / 큰 강물 줄기 그려(<외로운 창가> 부분)" 보며 자신의 지나온 삶을 반추했을 것이다. 궁벽한 시골 마을에서 성장한 시인이 지금과 같은 삶의 기반을 다지게 된 것은 남다른 야망과 의지가 있었기 때문이다. 어린 시절의 성장 과정을 묘사한 시 <산 넘고 강 너머>에 잘 나타나듯이, 시인은 "배고픔과 추위" 속에서도 "내일이면 좋은 날이 되겠지 / 내가 어른 되면 멋지게 살겠지"하는 꿈을 키우며 자랐다. 그런 꿈이 오늘날의 시인을 키웠을 것이다. 자신의 삶을 돌아보니 지금까지 "평생을 앞만 보고"(<자작나무 그늘 아래, 나는 알았네(27)>), "의지 하나로 달렸는데 / 꿈만 먹고 살았는데," 시인이 외로운 병실에 홀로 누워 생각해보니, "이제 나 / 너무 많이 달려와 / 뒤를 돌아보면 / 허겁지겁 달려만 왔던 길 / 너무 많은 것들이 몰려와 사면이 캄캄하구나 / 꿈도 많고 포부도 많았는데 / 이제는 모든 것이 신기루 같기만"(<지금은> 부분) 한 것이 삶인 것이다.

시인은 평생을 책과 더불어 살아 온 사람이다. 시인의 표현대로 "책의 숲 속 깊이 들어와"(<서재를 꾸미고>) 삶을 살았던 시인에게 책과 학문의 세계는 세상의 풍파로부터 피난처가 되어주는 "나만의 공간"이었다. 이러한 삶을 산 시인이었기에 다른 삶의 길을 걸었던 사람들보다 애환

이 적었을지도 모른다. 그러나 학자와 시인의 삶이라 해서 삶의 희로애락이 없었겠는가. "가슴을 휘젓는 쓰린 상처"와 "분노, 배신, 그리고 불타는 복수심"으로 잠을 이루지 못하고 "여기서 주저앉아 펑펑 눈물을 흘린"(<밤잠을 이루지 못함은>) 날이 얼마나 많았겠는가. 그러나 이제 시인은 이러한 상처들과 화해하고 그 상처들을 어루만지며, 더 나아가 혹여 자신이 남에게 주었을 상처에 대해 눈을 돌리는 성숙함을 보여준다. 그래서 시인은 <자작나무 그늘 아래, 나는 알았네(24)>에서 다음과 같이 그 심경을 고백한다.

> 너그러운 마음으로 흐뭇한 미소 지으며
> 하늘과 땅을 보며
> 가까운 사람들을 보았어야 했는데
> 높은 곳만 보고 완벽한 것만 추구했네
> 나만 옳다고 믿고 달리기만 했네
> 무엇인가를 이루었다는 자만심만 가득하고
> 옆 사람 배려는 생각도 못했네
> 상처 난 마음 때문에 수많은 상처를 주고
> 반복되는 잘못이 온 몸을 둘러싸고
> 자작나무 그늘 아래, 나는 알았네
> 내 마음을 짓누르는 무거운 절망
> 피해 달아날 길 없는 막다른 골목
> 처절한 통곡으로 쓰러진 모습
> 언제쯤 여명처럼 다가와
> 얼음처럼 차갑고 바위처럼 무거운 마음에
> 따스한 온기 부드럽게 다가와

구름 거두어 내고 밝고 환한 미소
가벼운 발걸음으로 뛰어갈까
자작나무 그늘 아래, 나는 알았네
바람결에 몸 맡기고
새 세상에서나
넓은 마음으로 미소 짓기를

　죽음이 삶에게 악수를 청하는 그런 경험을 하는 순간에 지나온 삶의 자취를 돌아보며 회한에 젖지 않을 자가 누가 있으랴! 삶이란 어찌 보면 후회하고 눈물짓는 행위의 반복이고, 그러한 과정 속에서 성숙해지는 것이리라. 그러나 이러한 처절한 고백이 어찌 쉬운 일이겠는가. 그것은 영혼이 눈처럼 투명해지고 깨끗해져야 토로할 수 있는 것이다. 이 고백이 빛나는 이유이다.
　시인이 이번에 펴낸 시집은 시인이 서문에 쓴 것처럼 "달려갈 앞길보다 달려 온 옛 길을 회상하며 어떻게 하면 세상을 좀 더 넓은 시각으로" 바라볼 수 있을까라는 문제의식을 담고 있다. 누구에게나 마치 삶이 영원히 지속되고 이 세상에서 자신이 이루어 내는 것이 영원히 자기 것으로 여겨져, 더 많은 것을 이루려고 그저 앞만 보고 달려갈 때가 있다. 그렇게 앞으로만 달려가는 과정 속에 자신과 타인에게 상처를 입히기도 한다. 그러나 삶에서 언제나 변치 않는 진리는 언젠가 그 모든 것을 내려두고 떠나야 하는 순간이 온다는 사실이다. 그것이 옛 성현들이 "죽음을 기억하라"(memento mori)라는 경구를 통해 가르쳐 온 것이 아니겠는가. 시인은 자신이 언젠가 보았던 "작은 묘지 위 십자가만이 / 잠시 이 세상에 머물렀음을" 말해

주듯이, "머지않아 나도 떠나야 함을 / 자작나무 그늘 아래 나는 알았네"(<자작나무 그늘 아래, 나는 알았네(12)>)라고 고백한다. 이러한 깨달음은 새로운 인식에 눈뜨게 하고 세상을 다른 눈으로 바라보게 한다. 지난겨울 시인이 크게 앓았던 경험은 이러한 깨달음의 한 계기가 되었을 것이다. 그것이 시인에게 메멘토 모리의 가르침이 되었고, 시인은 또 그것을 우리 독자들에게 가르치고 있는 것이다. 시인이 말하듯, 우리가 언제나 죽음을 기억하며 삶을 산다면 우리의 삶은 얼마나 달라지겠는가?

## 2

이번 시집에서 흥미로운 것은 자작나무에 관한 시편들이다. 이번 시집에는 나란히 <자작나무 그늘 아래, 나는 알았네>라는 제목을 달고 있는 스물일곱 편의 시 외에도 자작나무를 제목에 넣은 여러 편의 시가 수록되어 있다. 자작나무는 이번 시집의 가장 중심이 되는 소재이며, 시인은 자작나무 시편들을 통해 집요하고도 일관된 시적 사유의 세계를 보여준다. 시인은 어떤 연유로 자작나무에 관심을 갖게 되었고, 또 자작나무는 시인에게 어떤 의미를 지닌 것일까? 아마도 시인은 북구 유럽을 여행하면서 울창한 자작나무 숲에 큰 감명을 받았던 것 같다. 그리고 오랜 세월 자작나무가 어떻게 그곳 사람들의 삶의 일부가 되어왔는지에 큰 인상을 받았던 것 같다. 시인이 <자작나무를 생각함은>이라는 시에서 말하듯이, 자작나무는 오랜 세월 땔감이 되어 북구의 춥고 긴 겨울을 견디게 하는 "온기"가 되기도 하고, 무더운 더위에는 "서늘한 은신처"

가 되어주기도 하고, 또 고독에 몸부림치는 사람들의 마음을 달래 주는 "그윽한 향기"가 되기도 했다. 그러나 자작나무가 지닌 이러한 실용적 유용성보다 더 중요한 것은 자작나무 숲과 그늘이 시인에게 제공하는 사유의 공간으로서의 기능이다. 자작나무의 희고 반짝이는 나무껍질이 연상시키듯이 자작나무의 숲은 세속의 때가 묻지 않은 순백의 흰 공간이다. 그곳은 세속의 번잡함에서 벗어나 삶을 관조하고 삶에 대하여 사유하게 하는 상상의 공간이다. 마치 석가모니가 보리수나무 아래에서 생로병사의 인간 삶에 대한 깨달음을 얻었듯이, 시인도 자작나무 그늘 아래서 삶에 대한 깊은 깨달음을 얻는다. <자작나무 그늘 아래, 나는 알았네(26)>는 그러한 깨달음이 빛나는 시이다.

   아픔이 무엇인지
   없어진다는 것은 또 무엇인지
   화려한 무대 위의 쇼는 끝나고
   어둠의 장막 뒤에
   구두소리만 내며 걸어 나간다는 것
   다시 떠 올릴 수 없는 영광
   환호하던 사람들의 함성
   자작나무 그늘 아래, 나는 알았네
   영광은 길지 않고
   박수 소리는 더 이상 들리지 않으며
   저미어오는 슬픔은
   끊길 것만 같은 피아노 건반소리와 함께
   외로움과 절망의 바다를 이루며
   밤이 깊도록 자꾸만 다가온다는 것을

하여
지금은 눈 감고 무의식에 빠질 수밖에

　이 시는 시인이 오래 동안 연구하고 가르쳤던 셰익스피어에게서 얻은 깨달음일 것이다. 맥베스(Macbeth)가 고백하듯 인생이란 하나의 커다란 연극무대에 지나지 않고, 우리 모두는 이 세상이라는 무대에서 잠시 배역이 주어진 배우에 지나지 않을지도 모른다. 잠시 무대 위에 올라 우쭐해하기도 하고 초조해하기도 하고, 또 때로는 안달하다가 우리에게 주어진 그 짧은 시간이 다 지나면 조용히 무대 뒤로 퇴장해서 다시는 등장하지 않는 것, 그것이 우리의 삶이다. 그렇기에 시인은 화려한 무대 위의 쇼와 환호하던 사람들의 함성과 박수소리도 잠시일 뿐 구두소리를 내며 무대를 걸어 나가면 영원한 어둠만이 있을 뿐이니 세상에 대한 집착과 미련은 허망한 것이라고 말하고 있는지도 모른다.
　누구나 생의 막바지에서 돌아보면 우리가 세상이라는 무대에 머무는 시간이 얼마나 짧게 느껴질 것인가. 삶의 순간이 짧기에 그것은 늘 죽음과 함께 하는 것이다. 시인은 낙엽을 쓸고 있는 노인을 묘사하는 탁월한 시에서 삶과 죽음이 같은 것이라는 잘 보여준다.

　가을 낙엽을 쓸고 있는
　허리 굽은 노인 골목길을 따라
　청춘이 떨어지는 소리
　인생이 멀어져가는 말발굽의 먼지
　자작나무 그늘 아래, 나는 슬펐네

하얀 눈이 먼 산에서부터
모든 마을을 덮고
의식까지 하얗게
이제는 잊는 일만 남았다는 것

자작나무 그늘 아래, 나는 알았네

존재와 무 존재가 나란히 있다는 것
가는 것과 오는 것이 같다는 것
아는 것과 모르는 것이 하나라는 것
너와 내가 헤어져야 한다는 것
그런 것들이 모두 다
순간적 환영이 된다는 것
   (<자작나무 그늘 아래, 나는 알았네(21)> 전문)

 휘어진 골목길처럼 허리가 굽은 노인이 낙엽을 쓸고 있다. 노인이 쓸고 있는 것은 말발굽 소리를 내며 사라져버린 청춘이 남긴 세월의 먼지들. 시인은 사라져버린 젊은 시절을 생각하고 슬퍼진다. 그리고 문득 죽음을 떠올린다. 먼 산과 마을을 하얗게 뒤덮고 있는 눈처럼 어느덧 노인의 머리도 하얗게 변해있다. 그리고 언젠가 시인의 의식도 삶에 대한 그 모든 찬란한 기억을 지우고 눈처럼 하얗게 변해버릴 것이다. 그런 생각을 하다 보니 단지 죽음이 멀리 있다고 생각하며 살아왔을 뿐 죽음은 늘 언제나 삶과 함께 했던 것을 깨닫는다. 그렇기에 존재와 무가, 가는 것과 오는 것이, 아는 것과 모르는 것이 같다는 것, 삶과 죽음이 같다는 것을 깨닫는다.

시인이 자작나무에 관한 연작 시편들을 통해 보여주는 것은 죽음에 대한 깨달음만이 아니다. 자작나무 그늘에서 시인은 자신의 삶을 돌아보며 회한에 잠기기고 하고, 때로는 오랜 세월 잊고 지낸 사랑을 추억하기도 하고, 또 때로는 절대자의 숨결을 느끼기도 한다. 이렇듯 시인의 시적 상상력은 자작나무 그늘에서 다양한 색깔의 삶의 편린들을 그려낸다. 그러면서도 시적 긴장을 잃지 않고 높은 수준의 완성도를 보여주고 있다. 이번 시집에서 자작나무 시편이 빛나는 이유이다.

### 3

우리 모두가 이 세상이라는 무대 위에 잠시 오른 배우이고, 그래서 연극이 끝나고 무대 뒤로 퇴장하면 영원한 어둠뿐이라면 우리의 삶은 얼마나 허망한 것이겠는가. 그러나 시인은 언제나 눈에 보이는 현상 너머의 보다 궁극적인 것을 찾는 존재가 아닌가. 시인은 우리가 이 세상이라는 무대에서 퇴장해서 걸어 나가는 그곳이 영원한 어둠의 세계가 아니라고 말한다. 그렇기에 시인은 병을 앓는 중 절망 속에서도 절대자의 손길을 느낄 수 있었던 경험을 <부르시네, 다정하게>라는 시에서 다음과 같이 묘사한다.

정말 가슴 아팠네
소식 끊긴 어둔 밤에
이리도 깜깜한 절망이었나

내 쌓은 내공은 어디로 갔나
까마귀 밥처럼 무섭게

생의 주위엔 온통 죽음의 그림자
그 어둠을 뛰쳐나가야 하는데

지금 이 깊은 수렁 속에
허우적거리는 가녀린 몸부림

비도 바람도 모두 세차게
세상을 비웃는 운명의 조롱

저기 한 부드러운 손길이
다가오지 않으면
모두 끝났을 시간

그래도 여명이 오고 있듯이
희미한 모습으로
나의 앞에서
부르시네, 다정하게

 시인은 오랫동안 독실한 기독교인으로서 살아온 사람이다. 그렇기에 죽음이 삶에게 악수를 청하는 일이 때로는 두렵게 느껴지고 또 박수소리 요란한 세상이라는 무대에서 퇴장하는 일이 때로는 슬퍼지기도 하지만, 그 일이 두렵고 슬프기만 한 일이 아니라고 말한다. "저기 한 부드러운 손길이" 우리를 인도하려고 기다리고 있기 때문이다. 그리고 그 손길이 인도해 가는 곳은 어둑한 조명이 비추는 세상이라는 무대가 아니라 찬란하게 밝은 빛의 세계라고 말한다.

이 시집은 절대자를 향한 구도의 길에 관한 시집이기도 하다. "영원한 세계에 대한 동경은 그저 허상에 불과한 것일까"와 "인생의 여행길 다 마치고 마음의 평화 속에서 그 분의 손길을 느낄 수는 없을까"라는 질문이 시인이 이 시집에서 던지는 화두이기 때문이다. 자신의 삶 속에서 하나님이라는 절대자의 존재가 부재했던 적이 없었겠지만 시인은 죽음이 악수를 청하는 그런 경험 후에 더욱 자신의 삶 속에 언제나 함께하고 있는 절대자를 확실하게 인식하게 된다. 그리고 이제 보다 섬세한 감각으로 그의 목소리에 귀를 기울이게 된다. "이제는 더 달릴 길도 없는 / 어둠이 찾아온 돌담길에서" 시인이 듣는 것은 "뒤 돌아보라"(<뒤 돌아보게 하심은>) 하시는 절대자의 목소리이다. 시인도 한 때는 욕망기계인 육체가 느끼는 욕구와 희로애락의 감정에 얼마나 휩쓸렸던가. 그러나 절대자는 그것 모두가 "뒤돌아 보면 / 한 줌 흙이었음을 / 바람이 전해주는 / 마지막 유언임을" 깨닫게 한다. 그리고 시인은 "내가 가장 사랑하는 것 / 내가 가장 소중히 여기는 것 / 내가 가장 귀하게 여기는 것"들이 결국에는 자신의 영혼에 "못내 올무를 씌우는 일"이라는 것을 깨닫는다. 절대자를 향한 보다 밀도 높은 귀 기울임 속에서 시인은 궁극적으로 자신이 오랫동안 집착해 왔던 "나"라는 "자신을 벗어나지 못하고는 / 결코 마음의 평화와 자유 얻지 못하는 것을" 깨닫는다.

시인은 삶을 돌아보면서 매 순간 빛의 세계로 인도하는 절대자의 손길을 옆에 두고도 어둠 속에서 헤매고 있었던 자신을 발견한다.

왼쪽엔 어둠이
오른쪽엔 빛이 있는데
알 수 없는 무거운 마음으로
어둠 속을 헤맨다.

오른쪽으로 시선한번 돌리면
기쁨의 빛 비치건만
얼마나 더 서성이며
마라의 쓴 물을 마셔야
영혼을 밝히는 생수를 맛볼까
      (<여호와는 어둠을 벗어나라 하시는데> 부분)

  비록 오랜 시간 어둠 속에서 헤매고 있지만, 시인이 확신하는 것은 자신의 영혼의 눈이 더 밝아지는 날 언제든 늘 지척에서 빛나고 있는 절대자의 빛의 세상을 보리라는 것이다. 그리고 자신을 빛의 세상으로 인도하려는 절대자의 손길을 확신하기에 시인의 의식은 우주적으로 확장되어 온 세상 만물에서 신의 임재를 경험한다. 그래서 시인은 "바람이 불거든 / 하나님의 입김인줄 알고 / 구름이 지나거든 / 하나님의 손길인줄 알고 / 꽃 피거든 / 하나님이 방문하신 줄" 여기라고 말한다.
  지금까지 살펴본 것처럼 이 시집에 실린 주요 시편들은 일정한 시적 주제 속에서 하나로 통합될 수 있다. 그것은 죽음이 악수를 청하는 경험을 통해 메멘토 모리의 교훈을 깨달아 삶을 돌아보는 것이고, 세상이라는 무대 너머에서 시인을 기다리고 있는 절대자의 존재에 대한 확신이다. 그리고 이러한 깨달음은 모두 자작나무 그늘이라는 시적 사유의 공간에서 이루어지고 있다. 우리는 이 시집을 통하여 시인과 더불어 자작나무 그늘에서 행복한 문학적 체험을 하게 된다. 자작나무의 희고 반짝이는 껍질이 어둠 속에서도 빛을 내듯이, 자작나무 그늘이라는 시인의 시적 사유의 세계가 언제나 빛을 내기를 희망해 본다.

자작나무 그늘 아래, 나는 알았네

발행일 • 2011년 12월 15일
지은이 • 홍기영
발행인 • 이성모/발행처 • 도서출판 동인/등록 • 제1-1599호
주소 • 서울시 종로구 명륜동2가 아남주상복합아파트 118호
TEL • (02) 765-7145, 55/FAX • (02) 765-7165
E-mail • dongin60@chol.com/Homepage • donginbook.co.kr

ISBN 978-89-5506-493-3
정가 12,000원

※잘못 만들어진 책은 교환해드립니다.